El notariado en la Cataluña rural: la notaría de Rupià en el siglo XIV

El notariado en la Cataluña rural: la notaría de Rupià en el siglo XIV

Jordi Saura Nadal

**XI Premio a Jóvenes Investigadores
en Ciencias y Técnicas Historiográficas**

Universidad de León

2024

Saura i Nadal, Jordi
    El notariado en la Cataluña rural : la notaría de Rupià en el siglo XIV / Jordi Saura Nadal. – [León] : Universidad de León, Área de Publicaciones, 2024.
    126 p. : il., tablas, gráf. col. ; 24 cm
    Bibliogr.: p. 101-114. -- Índice de cuadros y gráficos. -- Apéndice documental: p. 115-126. -- En la port.: Sociedad Española de Ciencias y Técnicas Historiográficas. -- XI Premio a Jóvenes Investigadores en Ciencias y Técnicas Historiográficas, 2023.
    ISBN 978-84-19682-47-5
    1.   Gerona (Diócesis)-Historia. 2. Notariado-España-Gerona-Siglo 14º. 3. Rupià (Gerona, España). I. Universidad de León. Área de Publicaciones. II. Sociedad Española de Ciencias y Técnicas Historiográficas. III. Título.
    27-772(460.233.2)"13"
    347.961(460.233 Rupià)"13"

De acuerdo con el protocolo aprobado por el Consejo de Publicaciones de la Universidad de León, esta obra ha sido sometida al correspondiente informe por pares con resultado favorable.

Este trabajo ha merecido el **XI Premio a Jóvenes Investigadores en Ciencias y Técnicas Historiográficas** en su convocatoria 2023, siendo Presidenta Elena E. Rodríguez Díaz, Vocales Margarita Gómez Gómez, Daniel Piñol Alabart y Natalia Rodríguez Suárez, Tesorero Ramón Baldaquí Escandell y Secretaria Irene Ruiz Albi.

"Que enc que la mar tornàs tinta,

i enc que el cel de paper fos,

fossen es hòmens notaris

i de cada un n'hi hagués dos,

no abastarien a escriure,

ma vida, es nostros amors."

Popular ibicenca

Contenido

Cuadros

Gráficos

ABREVIATURAS

ACA:............... Arxiu de la Corona d'Aragó.

ACG:............... Arxiu Capitular de Girona.

ADG: .... Arxiu Diocesà de Girona.

AHG: .... Arxiu Històric de Girona

G-número:....... Notularum episcopal (registros notariales ADG)

U-número: ..... Lletres episcopals (registro de cartas episcopales ADG).

C.R.V.:............ Cartoral de Rúbriques Vermelles.

P.M.: .... Pergamins de la Mitra.

Perg.:.............. Pergamino.

Doc.: .... Documento.

ca.: .... circa.

EHDAP: .... Estudis Històrics i Documents dels Arxius de Protocols.

1. INTRODUCCIÓN

Desde hace muchos años la historiografía se ha interesado por la figura del notario y por las enormes posibilidades de estudio que ofrece su producción escrita en amplísimos campos del análisis histórico. En efecto, la documentación notarial, gracias a la riqueza y al detalle de las informaciones que contiene, se convierte en una de las fuentes principales para la reconstrucción de los siglos pasados.[1]

El contenido de los documentos notariales, entre otras cosas, es básico para entender el despliegue socioecómico en las ciudades de la Baja Edad Media, que vivieron en un ritmo acelerado impulsado por el comercio y del cual el notario es muchas veces partícipe.[2] La actividad notarial producida en estas urbes – frenética en muchos casos – ha sido objeto de estudio entre los historiadores, especialmente por sus variadas posibilidades de trabajo. En cambio, a nuestro parecer, mucho menos se ha dicho sobre la actividad profesional desarrollada por el notario en las comunidades rurales y las pequeñas villas, donde de hecho tenía una presencia y un papel destacados,[3] y de cuyo trabajo se conserva un volumen considerable de fuentes documentales.

---

1 Josep Antoni LLIBRER ESCRIG, «L'origen d'una nissaga de notaris valencians. Els Dassió al segle XV: de l'escrivania rural al notariat urbà», *Estudis Històrics i Documents dels Arxius de Protocols (EHDAP)*, XXIX (2011), p. 45.

2 Daniel PIÑOL ALABART, «Documentación y comercio: la actividad notarial en Catalunya en la Baja Edad Media», en Cristina MANTEGNA; Olivier PONCET. *Les documents du commerce et des marchands entre Mogen Âge et époque moderne (XIIe-XVIIe siècle)*. Roma: École Française de Rome, 2018, p. 95- 115.

3 Odile REDON, «Le notaire au village. Enquête en pays siennois dans le deuxième moitié du XIIIe siècle et au debut du XIVe siècle», en *Champagnes médiévales: l'homme et son espace (études ofertes à Robert Fossier)*. Paris: Publications de la Sorbonne, 1995, p. 667-680.

Ciertamente, a excepción de algunas aportaciones muy específicas,[4] en Cataluña, a pesar de que los historiadores se hayan fijado ámpliamente en los ricos datos aportados por la producción escrita de los notarios, tanto en el ámbito urbano como en el campo, todavía es notoria la falta de estudios concretos y específicos sobre la institución notarial y la organización y el despliegue de la actividad de los notarios públicos en el mundo rural. En este sentido, entre otras cosas, sabemos muy poco sobre la estructura interna y el funcionamiento diario de la pequeña notaría rural, cómo se encargaba el notario de ejercer sus funciones escriturarias y cual era su papel dentro de la comunidad en la que vivía y trabajaba.

1.1. Objetivos.

El presente trabajo gira entorno al notariado público en la comarca catalana del Baix Empordà, durante el siglo XIV. Se ofrece un breve recorrido por la notaría de una pequeña villa, la de Rupià, señorío episcopal o *Bisbalia* de Girona, con el doble objetivo de perfilar la organización y el funcionamiento de esta escribanía y el del análisis de su actividad notarial. De este modo, el estudio se enmarca en la línea de la Diplomática y, específicamente, por un lado, en los trabajos sobre la institución y la documentación notarial en Cataluña, y, por otro, en las directrices sobre los diferentes elementos de la actividad profesional de los notarios, marcadas sobre todo por Jean Luc Laffont.[5]

Aunque el estudio se inicie con un intento de aproximación a los orígenes de la notaría en cuestión y con una breve búsqueda de la actuación de sus primeros escribanos – para puntualizar algunos elementos de la implantación del notariado en este territorio –, lo cierto es que el análisis se centra en el seguimiento de la figura de un solo profesional, Guillem Ponç, durante el período de su regencia en esta escribanía. Sin embargo, a raíz de la gran cantidad de protocolos conservados de su producción, y por la naturaleza y los límites de este trabajo, nos proponemos examinar únicamente una horquilla temporal de carácter anual: de agosto de 1371 a octubre de 1372, unas fechas marcadas por la cronología de los mismos protocolos notariales, como detallaremos.

---

4   Véase, por ejemplo, Abel RUBIÓ I SERRAT, «La notaria i escrivania dels termes de Rupit i Fornils (1308-1835): aproximació i particularitats d'una notaria de jurisdicció senyorial.», *EHDAP*, XXXII (2014), p. 79-112; Xavier SOLDEVILA I TEMPORAL, «La notaria de Torroella de Montgrí abans de 1348», en *Actes del II Congrés del Notariat Català*. Barcelona: Fundació Noguera, 2000, p. 503-516.

5   Véase, especialmente, Jean L. LAFFONT. *Problèmes et méthodes d'analyse històriques de l'activité notariale (XVe-XIXe siècles)*. Toulouse: Presses universitaires du Mirail, 1991.

De esta manera, se procede al examen exhaustivo de las características y del contenido de cuatro volúmenes notariales de este notario: dos libros de notas y dos manuales notariales. El análisis conjunto de ámbos tipos de protocolo nos permite explicar los diferentes aspectos que conforman el trabajo y la actividad profesional de Ponç en la oficina notarial. Además, se busca también poner de relieve el papel del notario dentro de su comunidad, y, sobre todo, observar su relación con el poder señorial dominante, es decir, el obispo de Girona. Para acabar, el estudio de las tipologías documentales del período permite una aproximación a elementos más concretos de la actividad notarial de la villa en estos años.

1.2. METODOLOGÍA Y FUENTES.

Para el cumplimiento de los objetivos expuestos se parte, principalmente, de un vaciado exhaustivo y de un análisis acurado de los cuatro protocolos mencionados, durante el período señalado. Estos volúmenes se conservan actualmente dentro del riquísimo fondo notarial que constituye la Sección Notarial del Archivo Histórico de Girona (AHG). La selección se ha llevado a cabo, en especial, a raíz de la significativa conservación, para este período anual (1371-1372), de los dos tipos de protocolo notarial, manuales y libros, teniendo en cuenta la falta de disponibilidad de los primeros durante la mayor parte de la regencia de Guillem Ponç.[6]

La gran cantidad de instrumentos que custodian estos volúmenes se han guardado en una base de datos creada *ex profeso* en formato excel, suficientemente manejable i asumible para las dimensiones de esta investigación. En este pequeño archivo se han introducido los principales datos de interés para el desarrollo de nuestro trabajo, como por ejemplo las cuestiones directamente relacionadas con la clientela (naturaleza de los clientes, su procedencia, relaciones familiares, información sobre los testimonios, etc.), el objeto implicado en el negocio, o, de manera importante, los indicios del funcionamiento y la práctica notarial (notas al margen, precio del documento y su pago, localización del asiento registrado previamente en el manual, etc.). También se han examinado los diferentes tipos de documentos localizados entre los folios de los protocolos estudiados, funda-

---

6   La diferenciación entre *manual notarial* y *libro de notas* en los protocolos notariales catalanes se debe al sistema del doble registro establecido en las Cortes de Perpiñán de 1350-1351. Para esta cuestión véase, entre otros muchos trabajos, especialmente el de Maria Teresa FERRER I MALLOL, «La redacció de l'instrument notarial a Catalunya. Cèdules, manuals, llibres i cartes», *EHDAP*, 1974 (IV), p. 29-192.

mentalmente cédulas notariales o cartas dirigidas al notario o a otros individuos su entorno administrativo. Una vez realizado este extenso vaciado documental, se ha procedido a su análisis, comparación y selección para la redacción del texto.

En segundo lugar, además de los dos manuales notariales y de los dos libros mencionados, se ha hecho una pequeña búsqueda de documentación contenida en otros protocolos de la escribanía de Rupià, con especial énfasis en aquellos confeccionados durante la regencia del notario Guillem Ponç, para aportar un mayor nivel de información sobre su vida personal (testamento, inventario de sus bienes) así como su trabajo en la notaría. De esta manera, para la elaboración del estudio, se han consultado un total de 17 volúmenes notariales de Rupià y 1 volumen de la notaría de La Bisbal, cuya relación puede verse al final de este trabajo. Estamos convencidos, sin embargo, que un análisis más amplio y pormenorizado de todos estos y otros protocolos del mismo notario y de sus contemporáneos, ofrecerá un estudio mucho más exhaustivo en un futuro, permitiendo situar el notario en su contexto territorial.

En tercer lugar, con la voluntad de entrever la relación del notario con la Sede gerundense, señora directa de la notaría, se ha realizado una breve inserción en la documentación episcopal (nombramientos notariales, cartas), conservada en las series *Notularum* y *Lletres episcopals* del Archivo Diocesano de Girona (ADG). Estos documentos, imprescindibles para nuestro estudio, aportan una información muy valiosa sobre el estado y la organización de la institución notarial durante el siglo XIV en la zona, así como datos relevantes sobre su control por parte de la Mitra y la relación de esta con la figura del notario.

Por su parte, de gran relevancia para nuestro estudio han sido también las diversas fuentes publicadas, sobre todo los llamados *Pergamins de la Mitra*[7] y el *Cartoral de Rúbriques Vermelles*,[8] asociados con el territorio de análisis y el poder feudal dominante: la Mitra.

Finalmente, este trabajo se alimenta de una extensa y amplia bibliografía, general y específica, relacionada en especial con las características del notariado público en Cataluña. Su consulta nos ha permitido acceder a los aspectos más

---

7   Josep Maria MARQUÈS I PLANAGUMÀ. *Pergamins de la Mitra (891-1687): Arxiu Diocesà de Girona*. Girona: Generalitat de Catalunya. Servei d'Arxius: Patronat Francesc Eiximenis, 1984.

8   Josep Maria MARQUÈS I PLANAGUMÀ. *El Cartoral de rúbriques vermelles de Pere Rocabertí, bisbe de Girona (1318-1324)*. Barcelona: Fundació Noguera, 2009. Recordamos que para referirnos a los documentos contenidos en estos volúmenes, en nuestro estudio utilizamos las siglas P.M. y C.R.V., respectivamente, remitiendo al número de documento de ambas ediciones de Josep Maria Marquès i Planagumà.

elementales y concretos de la notaría de Rupià, siempre comparándolos y situándolos dentro de un contexto general catalán.

1.3. ESTADO DE LA CUESTIÓN.

Los estudios sobre la institución notarial tienen una larga tradición, sobre todo, en Italia, donde existe una desbordante bibliografía especializada. Desde la obra capital de Giorgio Costamagna,[9] hace tiempo que se dibujan en el panorama historiográfico italiano dos focos de atención principal: por un lado, aquellos estudios centrados en el análisis de la propia institución notarial y su historia y evolución,[10] con un énfasis especial en las pujantes ciudades italianas;[11] y, por otro lado, los trabajos focalizados en el instrumento notarial y sus elementos fundamentales.[12] A la vez, algunas instituciones, como la École *française* de Roma o la importantísima *Società Ligure di Storia Patria*, han impulsado la edición de protocolos notariales, valorizando de esta manera las ricas series notariales italianas, de las más antiguas del mundo.

---

9   Entre sus destacadísimos trabajos, su obra principal sigue siendo *Il notaio a Genova tra prestigio e potere*. Roma: Consiglio Nazionale del Notariato, 1970.

10   Vito PIERGIOVANNI, "A proposito di alcuni recenti contributi alla storia del notariato in Europa", en Vito PIERGIOVANNI. *Norme, scienza e patrica giuridica tra Genova e l'Occidente medievale e moderno*, "Atti della Società Ligure di Storia Patria, nuova serie", LII/1-2 (2012), p. 1401-1408; Maria GIGLIOLA DI RENZO, "Per una storia del notariato nell'Italia centro-settentrionale", en Mathias SCHMOECKEL; Werner SCHUBERT. *Handbuch zur Geschichte des Notariats der europäischen Traditionen*. Baden-Baden: Nomos Verlagsgesellschaft, 2009, p. 15-64.

11   La bibliografía, en este sentido, es inmensa. Destacamos el congreso celebrado en Génova en 2007, *Il notaio e la città. Essere notaio: i tempi e i luoghi (secc. XII-XV)*, que contó con las aportaciones de especialistas como por ejemplo G. Petti Balbi, G. Cherubini, G. Chittolini, G. Tamba, G.M. Varanini o B. Pasciuta, entre muchos otros.

12   Sobresalen los estudios de C. Mantegna, A. Rovere, G.G. Fissore, L. Zagni, E. Barbieri y A. Bartoli Langeli. Apuntamos únicamente algunos de los numerosos trabajos: Cristina MANTEGNA, «Notai e scrittura a Piacenza: a proposito di notizie dorsali e imbreviature», *Scrineum Rivista*, 5 (2008), pp. 2-15; Luisa ZAGNI, «La redazione dei protocolli notarili a Milano nel secolo XIV», *Studi di Storia Medioevale e di Diplomatica*, 7 (1982), p. 43-53; Ezio BARBIERI. *Notariato e documento notarile a Pavia. Secoli XI-XIV.* Firenze, 1990; Attilio BARTOLI LANGELI, *Notai. Scrivere documenti nell'Italia medievale*, Roma, 2006; Antonella ROVERE, "L'organizzazione burocratica: uffici e documentazione", en *Genova, Venezia, il Levante nei secoli XII-XIV. Atti del Convegno Internazionale di Studi. Genova-Venezia, 10-14 marzo 2000* («Atti della Società Ligure di Storia Patria, nuova serie», XLI/1, 2001), p. 103-128; "Cancelleria e documentazione a Genova (1262-1311)", en D. PUNCUH. *Studi in memoria di Giorgio Costamagna*, «Atti della Società Ligure di Storia Patria, nuova serie», XLIII/1 (2003), p. 909-942.

El interés de los estudios italianos centrados en el notariado urbano se entiende si se considera el peso de la institución municipal de la Italia comunal, y la estrecha relación de los notarios con el importante crecimiento económico y comercial desplegado con fuerza a partir del siglo XII.[13] Sin embargo, a pesar de esta preeminencia concedida a los notarios de la *città*, en los últimos años ha surgido un interés especial por el estudio de la institución notarial en las villas del mundo rural, con una importante labor ejercida por la colección genovesa *Notarium Itinera*.[14]

En las últimas décadas se ha producido un impulso muy considerable en Francia respecto a los estudios sobre el notariado.[15] Las principales líneas de investigación a nivel francés siguen siendo las marcadas hace años por Robert-Henri Bautier, por un lado, y Jean-Luc Laffont y Jean Poisson,[16] por el otro, que han planteado los principales problemas metodológicos entorno a este tipo de estudios, aportando definiciones de conceptos básicos como *actividad* o *práctica notarial*.[17] En este sentido, más recientemente, destacan las diferentes aportaciones de Chantal Amman-Doubliez, cuyos interesantes trabajos enfocados en la región suiza del Valais le sirven como muestra para plantear cuestiones generales sobre la institución notarial.[18]

---

13 Por ejemplo, Antonio ROCCATAGLIATA. *Notai Genovesi in Oltremare. Atti rogati a Pera e Mitilene, tomo I, Pera (1408-1490)*. Genova, 1982 (Collana storica di fonti e studi diretta da Geo Pistarino, 34/1). Véase también, más allá de estas ediciones, Antonio MUSARRA, «Scrivere sulle galee. Notai e scribi di bordo a Genova tra XIII e XIV secolo», *Itineraria*, 11 (2012), p. 101-125.

14 La amplísima bibliografía de dicha colección puede consultarse abiertamente en su página web. Por otro lado, véase Philippe LEFEUVRE, "Le notariat rural du contado florentin. Chianti, Valdarno supérieur et Val di Pesa (XIIe-XIIIe siècles)", en X. HERMAND; J-F. NIEUS; É. RENARD (eds.). *Le scribe d'archives dans l'Occident médiéval: formation, carrières, réseaux*. Turnhout: Brepols Publishers, 2019, p. 315-342.

15 Para una visión de conjunto suficientemente completa, aunque poco reciente, de la bibliografía francesa sobre el notariado, véase Jean-Yves SARAZIN. *Bibliographie de l'histoire du notariat français (1200- 1815)*. Paris: Lettrage Distribution, 2004.

16 Gran parte de la obra de Poisson ha sido reunida y publicada en cuatro gruesos volúmenes. Jean-Paul POISSON. *Notaires et société. Travaux d'histoire et de sociologie notariales*, 2 vols., Paris, 1985 i 1990; *Etudes notariales*. Paris, 1996; *Essais de notariologie*. Paris, 2002.

17 Robert-Henri BAUTIER (dir.). *Histoire sociale et actes notariés. Problèmes de méthodologie: actes de la table ronde du 20 mai 1988*. Toulousse, 1989; Jean-Luc LAFFONT, «Histoire du notariat ou histoire notariale? Eléments pour une réflexion épistémologique», en *Notaires, notariat et société sous l'ancien régime*. Toulouse, 1990, p. 51-60.

18 Véase, por ejemplo, Chantal AMMAN-DOUBLIEZ, «Esquisse d'une histoire notariale du diocèse de Sion au Moyen Age: sources et problématique», *Vallesia*, XLVI, 1991, p. 169-204; «Réflexions sur l'histoire notariale à travers le prisme valaisan (XIIIe-XVe siècles)», *Vallesia*, LXV, 2010, p. 121-142.

Por otra parte, destaca el impulso de la colección *Histoire notariale*, dirigida por el mismo Laffont, así como también el de importantes publicaciones como *Le Gnomon. Revue internationale d'historie du notariat* o las diferentes *Presses* de universidades como las de Tolosa o de la Provenza, que recojen, todas ellas, trabajos clave para el estudio del notariado galo. Una de las obras más destacadas de estas colecciones es *Le notaire. Entre métier et espace public en Europe VIIIe-XVIIIe siècle*, en la que se agrupan trabajos específicos sobre la figura del notario y la práctica de su oficio en diferentes instituciones y en distintos países europeos.[19]

A nivel español, un renovado punto de partida lo marca el trabajo bibliográfico de Josep Trenchs (1974) sobre el estado de la cuestión del estudio del notariado en España.[20] En nuestro país, uno de los exponentes principales es, sin duda, José Bono y, sobre todo, su historia general del notariado español, que ofrece una visión de conjunto, dentro de una amplia cronología, de la evolución y las particularidades del notariado en los diferentes territorios peninsulares.[21] En efecto, la obra de Bono es de consulta obligada para todo estudio exhaustivo sobre la institución notarial en España.

Más allá del estudio general de este insigne jurista, el resto de trabajos del notariado hispánico se centran en los análisis de la institución notarial en diferentes regiones de nuestro país (como Cantabria,[22] Asturias,[23] Castilla,[24] Valencia,[25]

19 Lucien FAGGION; Anne MAILLOUX; Laure VERDON (dir.). *Le notaire: entre métier et espace public en Europe VIIIe-XVIIIe siècle*. Aix-en-Provence: Presses Universitaires de Provence, 2008.

20 Josep TRENCHS ODENA, «Bibliografía del notariado en España (siglo XX)», *EHDAP*, IV (1974), p. 193-237.

21 José BONO HUERTA, *Historia del Derecho Notarial Español*. Tom I, Vol. 1: *Introducción, Preliminar y Fuentes*, Madrid, 1979; Tom I, vol. 2: *Literatura e instituciones*, Madrid, 1982. Por otro lado, para la terminología de nuestro trabajo, dentro de la extensa bibliografía del autor, véase sobre todo «Modos textuales de transmisión del documento notarial medieval», *EHDAP*, XIII (1995), p. 75-103 y XV (1997), p. 15-42; «Conceptos fundamentales de la diplomática notarial», *Historia. Instituciones. Documentos*, 19 (1992), p. 73-88.

22 Rosa María BLASCO MARTÍNEZ. *Una aproximación a la institución notarial en Cantabria. Desde sus orígenes a la Ley del Notariado*, Santander: Universidad de Cantabria, 1990.

23 Roberto ANTUÑA CASTRO. *Notariado y documentación notarial en el área central del señorío de los obispos de Oviedo (1291-1389)*. Tesis doctoral, Universidad de Oviedo, dirigida por Miguel Calleja Puerta, 2014.

24 Entre muchísimos otros y por el interés para nuestro estudio, véase Juan Luis RAMOS MERINO. *Iglesia y notariado en la Castilla bajomedieval. La Catedral de Burgos (1315-1492)*. Madrid: La Ergastula, 2012.

25 Jose María CRUSELLES GÓMEZ. *Els notaris de la ciutat de València: activitat professional i comportament social a la primera meitat del segle XV*. Barcelona: Fundació Noguera, 1998; Vicent PONS I ALÒS, «Los notarios valencianos en época de Pedro IV y Juan I (1351-1396). Aproximación a su

Aragón,[26] etc.), que han proliferado desde la celebración en 1986 del Congreso Internacional de Diplomática, en Valencia,[27] y han asentado las bases para nuevas y prolíficas investigaciones. Uno de los territorios en los que más se están desarrollando los estudios sobre el notariado es Andalucía, gracias a las importantes aportaciones de investigadoras como María Luisa Pardo y Pilar Ostos, auténticas referentes del panorama historiográfico español de los estudios notariales.[28] Ambas investigadoras coordinaron en 1994 las *I Jornadas sobre el notariado en Andalucía: El notariado andaluz en el tránsito de la Edad Media a la Edad Moderna*, unas jornadas que marcanon el inicio de estos estudios en el marco andaluz, recojiendo importantes contribuciones entre sus actas.[29] Por otro lado, muchos autores han encontrado un vehículo favorable para sus trabajos en la revista *Historia, Instituciones y Documentos* – editada también en Sevilla –, en la que se han publicado interesantes artículos sobre la institución del notariado hispánico y sus documentos.

No obstante, el territorio peninsular donde los estudios sobre el notariado público tienen una más larga tradición y un mayor peso en relación con el conjunto

---

prosopografía», *EHDAP*, XXX (2012), p. 31-86. También, los diferentes y significativos trabajos de Vicent Pons Alós, reunidos recientemente en un libro recopilatorio. Vicent PONS ALÓS. *Los notarios y su producción. Diplomática notarial valenciana*. València: Universitat de València, 2022.

26   Asunción BLASCO MARTÍNEZ, "El notariado en Aragón", en *Actes del I Congrés d'Història del Notariat Català*. Barcelona: Fundació Noguera, 1994, p. 189-273; Ángel CANELLAS, «El documento notarial en la legislación foral del Reino de Aragón», *Medievalia*, 10 (1992), p. 65-82.

27   En las actas del cual encontramos aportaciones tan destacadas como las de Ángel Canellas, M. Josefa Sanz, Pilar Ostos, M. Luisa Pardo, Santos García Larragueta, entre otros. *Notariado público y documento privado: de los orígenes al siglo XIV. Actas del VII Congreso Internacional de Diplomática (Valencia, 1986)*. València: Generalitat Valenciana, Conselleria de Cultura, Educació i Esport, 1989, 2 vols.

28   Las dos historiadoras cuentan con una abundante bibliografía. Aportamos únicamente una breve selección de los trabajos que creemos más significativos: Maria Luisa PARDO RODRIGUEZ. *Señores y escribanos: el notariado andaluz entre los siglos XIV y XVI*. Sevilla: Universidad de Sevilla, Secretariado de Publicaciones, 2002; «Lo privado y lo público. Juan Álvarez de Alcalá, escribano del número de Sevilla (1500-1518)», en Enrique VILLALBA PÉREZ; Emilio TORNÉ VALLE (eds.). *El nervio de la república: el oficio de escribano en el Siglo de Oro*. Madrid: Calambur, 2010, p. 15-53; (coord.). *Iglesia y Escritura en Castilla. Siglos XII-XVII*. Sevilla: Editorial Universidad de Sevilla, 2019; Pilar OSTOS- SALCEDO, "Los escribanos públicos y la validación documental", en Remedios REY DE LAS PEÑAS (coord.). *La validación de los documentos: pasado, presente y futuro: octavas jornadas archivísticas*. Huelva: Diputación Provincial de Huelva, 2007, p. 27-42; (coord.). *Práctica notarial en Andalucía, siglos XIII-XVII*. Sevilla: Universidad de Sevilla, 2014.; "Aproximación a los escribanos públicos de Sevilla durante la segunda mitad del siglo XIV", en Miguel CALLEJA PUERTA; Maria Luisa DOMÍNGUEZ GUERRERO (coord.). *Escritura, notariado y espacio urbano en la Corona de Castilla y Portugal (siglos XII-XVII)*. Trea, 2018, p. 141-155.

29   Pilar OSTOS SALCEDO; Maria Luisa PARDO RODRÍGUEZ (ed.). *El notariado andaluz en el tránsito de la Edad Media a la Edad Moderna*. Sevilla: Ilustre Colegio Notarial, 1995.

de España es, sin ninguna duda, Cataluña. De hecho, la historiografía catalana, incentivada por la magnitud y la riqueza de las fuentes notariales conservadas, ha prestado atención a la institución notarial desde principios del siglo pasado. Trabajos ya clásicos como los de Francesc Carreras Candi,[30] Victorino Santamaría,[31] Ferran Valls Taberner,[32] en las primeras décadas del novecientos, o los de Durán Cañameras,[33] Honori Garcia[34] y, sobre todo, los del también notario Raimon Noguera de Guzmán,[35] a partir de los años cincuenta, se han convertido en los fundamentos sobre los cuales se ha erigido la historiografía notarial catalana posterior.

En efecto, los primeros trabajos sobre la institución y la documentación notarial catalana han tenido una larga continuidad en el Principado. De manera destacable, muchos de los estudios posteriores se han cobijado bajo los auspicios de la revista *Estudis Històrics i Documents dels Arxius de Protocols* (EHDAP), promovida por el Colegio de Notarios de Barcelona desde 1948 y que, por suerte, actualmente ha reiniciado su edición en una nueva etapa. En esta importante e histórica publicación han participado la mayoría de los principales especialistas sobre el

---

30 En especial la siguiente obra, que marca un hito en este tipo de estudios en Cataluña: Francesc CARRERAS CANDI, "Desenrotllament de la institució notarial a Catalunya en lo segle XIII", en *Miscel·lània Històrica Catalana*, 2 (1906), p. 323-360.

31 Victorino SANTAMARÍA TOUS. *Estudios Notariales: contribución á la historia del Notariado en Cataluña*. Barcelona: Impr. La Renaixença, 1917.

32 Ferran VALLS TABERNER, «Un formulari jurídic del segle XII», *Anuario de Historia del Derecho Español (AHDE)*, III (1926), p. 508-517.

33 Félix DURAN CAÑAMERAS, «Notas para la historia del Notariado catalán», *EHDAP*, III (1955), p. 71- 207; «La fe pública y extrajudicial en Gerona», *Anales del Instituto de Estudios Gerundenses*, XII (1958), p. 301-317; «El notariado en Lérida y sus comarcas», *Ilerda*, XII-XIII (1954-55), p. 139-166; «Los formularios notariales en Cataluña», *Anuario de la Academia de doctores del Distrito Universitario de Barcelona*, (1966), p. 15-24.

34 Honori GARCIA, «Reflexiones sobre la manera de investigar la Historia del Notariado», *La Notaría*, LXXXII (1947), p. 383-390; «Contribución al estudio histórico del notariado español. El notariado en Vich durante la Edad Media», *Ibidem*, p. 69-83 y 258-291; «Notas para los prolegómenos a la Historia del Notariado Español (tiempos anteriores a la Reconquista)», *EHDAP*, 11 (1950), p. 121-150.

35 Raimon NOGUERA DE GUZMAN. *Los notarios de Barcelona en el siglo XVIII*. Barcelona: Colegio Notarial, 1978; «La doble redacción de los antiguos documentos notariales de Cataluña, *Anales de la Academia Matritense del Notariado*, XII (1978), p. 335-356; *Ibidem*; Josep Maria MADURELL I MARIMON. *Privilegios y ordenanzas históricos de los notarios de Barcelona*. Barcelona, 1965.

notariado en tierras catalanas, como Maria Teresa Ferrer i Mallol,[36] Laureà Pagarolas,[37] Ignasi J. Baiges o Daniel Piñol,[38] entre muchos otros.

En la misma línea, en Cataluña es imprescindible la tarea realizada desde hace años por la Fundació Noguera, que ha impulsado tanto la publicación de trabajos monográficos, tesis doctorales[39] e investigaciones relevantes sobre el notariado público,[40] como también las ediciones de fuentes y protocolos notariales. Por otro lado, y de manera muy destacada, dicha entidad ha promovido la edición, todavía en curso, de una abundante colección de inventarios y catálogos de fondos de la mayoría de archivos de protocolos catalanes, algo que se ha convertido en una herramienta fundamental para todo aquel investigador habitual en estas instituciones. Finalmente, fue a iniciativa de la Fundació la organización, en 1994 y 1998, de los dos únicos congresos que hasta hoy se han celebrado sobre la historia del notariado catalán, con aportaciones de numerosos especialistas, y cuyas actas, publicadas en dos extensos volúmenes, aun constituyen un material indispensable para cualquier estudio sobre el notariado en territorios de la Corona de Aragón.[41]

Con todo, muchos de estos trabajos pioneros se han centrado especialmente en la institución del notariado catalán en las principales ciudades del país, como Barcelona, Manresa, Igualada, Vic, Girona o incluso Puigcerdà, de manera que, a día de hoy, es manifiesta la falta tanto de una monografía de carácter general

---

36   Maria Teresa FERRER I MALLOL; Jaume RIERA SANS, «La successió notarial i el traspàs de protocols en terres catalanes a la Baixa Edat Mitjana.», *EHDAP*, IV (1974), p. 395-428; M.T. FERRER I MALLOL, «La redacció de l'instrument notarial a Catalunya. Cèdules, manuals, llibres i cartes», *EHDAP*, IV (1974), p. 29-192; «Notariat laic contra notariat eclesiàstic. Un episodi entre ambdós a Girona (1374-1380)», *EHDAP*, V (1977), p. 19-34; «L'expansió d'una regalia al començament del segle XIV: el notariat reial», *EHDAP*, XIII (1995), p. 55-74.

37   Laureà PAGAROLAS I SABATÉ, «Notaris i auxiliars de la funció notarial a les escrivanies de la Barcelona medieval», *Lligall*, 8 (1994), p. 53-72.

38   Daniel PIÑOL ALABART, «Pere Sabater, notari de Tarragona i lletrat (segle XV)», *EHDAP*, 17 (1999), p. 125-152.

39   Por ejemplo, la del mismo Daniel Piñol Alabart, que se ha convertido en uno de los máximos exponentes del notariado catalán y español. Daniel PIÑOL ALABART. *El notariat públic al Camp de Tarragona. Història, activitat, escriptura i societat (segles XIII-XIV)*. Barcelona: Fundació Noguera, 2000.

40   D.D.A.A. *Estudis sobre història de la Institució Notarial a Catalunya, en honor de Raimon Noguera*. Barcelona, Fundació Noguera, 1988.

41   *Actes del I Congrés d'Història del Notariat Català*, celebrado en Barcelona los días 11, 12 y 13 de noviembre de 1993. Barcelona: Fundació Noguera, 1994; *Actes del II Congrés d'Història del Notariat Català*, celebrado en Barcelona los días 5 y 6 de noviembre de 1998. Barcelona: Fundació Noguera, 2000.

como, sobre todo, de un estudio sistemático de la actividad profesional y del papel ejercido por los notarios de las comunidades rurales y las pequeñas villas.

Si tenemos en cuenta nuestra zona de estudio, la ciudad de Girona y su área han merecido algunos trabajos interesantes relacionados con el notariado.[42] Dentro del primer congreso mencionado, por ejemplo, se hicieron dos aportaciones importantes sobre el notariado gerundense, una de Enric Mirambell, que ofrecía una visión general de los notarios de la ciudad, y otra de Maria Ángels Adroer y Josep Matas, con un estudio más ámplio sobre la propiedad de las escribanías del territorio de Girona.[43] Sin embargo, pese a algunos trabajos puntuales, dos de los máximos exponentes sobre la institución notarial en la ciudad del río Onyar son Josep Maria Pons i Guri, que realizó numerosos estudios relacionados con la organización de las notarías, los libros notariales y su escritura,[44] y el prolífico Josep Maria Marquès, que destacó en su tarea de edición de importantes fuentes documentales, entre otros, los *Pergamins de la Mitra* y el *Cartoral de Rúbriques Vermelles*.

Más recientemente, Christian Guilleré, uno de los mayores especialistas de la sociedad gerundense medieval, ha dedicado algún estudio interesante sobre el

---

42 Destacamos, entre muchos otros trabajos: S.P. BENSCH, "Un notariat baronial: notaris i pràctiques documentals en el comtat d'Empúries al segle XIII", en *Documentació Notarial i Arxius. Els fons notarials com a eina per a la recerca històrica. Jornades celebrades els dies 5 i 6 d'octubre de 2006 a l'Arxiu Històric de Girona*. Barcelona: Generalitat de Catalunya, 2007, p. 123-134; Maria Teresa CEBRIÀ I LLISTOSELLA, «La notaria de Rupià, una aproximació a la seva història.», *EHDAP*, 15 (1997), p. 59-76. Albert RIERA I PAIRÓ, "L'exercici de notaria a la senyoria episcopal de Bàscara (segle XIV). Una primera aproximació", en *Patrimoni i Història local. Jornades d'homenatge a Lluís Esteve i Cruañas*. Sant Feliu de Guíxols: Ajuntament de Sant Feliu de Guíxols, 1996; Marià BAIG I ALEU, «La vila de Terrades i la seva antiga notaria: Església, territori i propietat», *Annals de l'Institut d'Estudis Empordanesos*, vol. 35 (2002), p. 141-197.

43 Enric MIRAMBELL BELLOC, «Aportació a la història del notariat gironí», en *Actes del I Congrés d'Història del Notariat Català*. Barcelona: Fundació Noguera, 1994, p. 699-712; Maria Àngels ADROER I PELLICER; Josep MATAS I BALAGUER, «Sobre la propietat i la regència de les notaries a la demarcació de Girona», *Ibidem*, p. 493-514. Del primer autor destacamos también: Enric MIRAMBELL BELLOC, "Documentación notarial gerundense del último tercio del siglo XIII", en *XI Congresso di Storia della Corona d'Aragona*, Palermo: Comisión Permanente de los Congresos de Historia de la Corona de Aragón, Accademia di Scienze, Lettere e Arti di Palermo, 1984, p. 421-425; «Els protocols notarials històrics de Castelló d'Empúries», *Annals de l'Institut d'Estudis Empordanesos*, vol. 12 (1977), p. 215- 246.; «Els protocols notarials històrics de Peralada», *Annals de l'Institut d'Estudis Empordanesos*, vol. 15 (1981-1982), p. 137-159; «Els protocols notarials històrics del districte de Figueres», *Annals de l'Institut d'Estudis Empordanesos*, vol 16 (1983), p. 91-133.

44 Respecto a los elementos diplomásticos y paleográficos, destaca: Maria Josepa ARNALL I JUAN; Josep Maria PONS I GURI. *L'escriptura a les terres gironines (segles IX-XVIII)*. Girona: Diputació de Girona, 1993, 2 vols.

notariado de la ciudad,[45] a la vez que ha dirigido importantes e innovadoras investigaciones.[46] Finalmente, Mathieu Allingri en su tesis doctoral ha realizado un interesante análisis comparativo del notariado de esta zona de Cataluña con el de la Italia septentrional.[47]

45   Christian GUILLERÉ; Antony PINTO, "Bailan des recherches sur le notariat géronais (XIIIe-XVe siècles)", en *Documentació notarial i arxius. Els fons notarials com a eina per a la recerca històrica. Jornades celebrades els dies 5 i 6 d'octubre de 2006 a l'Arxiu Històric de Girona.* Barcelona: Generalitat de Catalunya, 2007, p. 35-69. Christian GUILLERÉ, "Le notariat catalan au XIVᵉ siècle à travers l'exemple géronais: structures, production et clientèles", en Lucien FAGGION; Anne MAILLOUX; Laure VERDON (dir.). *Le notaire…, op. cit.,* 2008, p. 67-84.

46   A. CHANTRENNE. *Étude des actes notariés de Berenguer Capella (avril-novembre 1372).* Mémoire de maîtrise, Université de Savoie-Chambéry, (dir. C. Guilleré), 2003, 2 vols.

47   Matthieu ALLINGRI. *Le métier de notaire en Europe méridionale à la fin du Moyen Âge. Etude comparée de deux modèles régionaux (Italie communale, pays catalans, 1280-1420).* Tesis doctoral defendida en la Université de Lyon, 2014.

2. LA NOTARÍA DE RUPIÀ.

2.1. LA VILLA DE RUPIÀ: CONTEXTO HISTÓRICO Y GEOGRÁFICO.

La pequeña villa de Rupià se encuentra situada en la actual comarca catalana del Baix Empordà, entre los últimos contrafuertes del montañas de las Gavarras y la planicie fluvial de los ríos Ter y Daró.[48] Su ubicación geoestratégica, en el centro de la comarca, ha determinado su evolución histórica, con indicios arqueólogicos de un poblamiento que se remonta a la época prerromana.[49] La presencia de un *castrum* primitivo se documenta por primeza vez en 1095,[50] aunque notícias anteriores dan evidencia de la organización de la población bajo el concepto de parroquia - la de Sant Vicenç -, originando un pequeño núcleo o *sagrera*.[51]

Sin embargo, la construcción del castillo - en un contexto de violencia feudal generalizada, que marca el surgimiento de numerosas fortificaciones en el territorio - hará confundir la estructura del núcleo de población concentrada entre los dos espacios, el sagrado y el castral. A la vez, provocará la consolidación del poblamiento y la atracción de nuevos habitantes, en una zona de considerable

---

48   Jesús CULEBRAS DEVESA. *Rupià*. Girona: Diputació de Girona, 2016 (Quaderns de la Revista de Girona), p. 5-8.

49   *Ibidem*, p. 14. Elvis MALLORQUÍ GARCÍA. *Les Gavarres a l'edat mitjana. Poblament i societat d'un massís del nord-est català*. Girona: CCG Edicions, 2000, p. 42.

50   ACG, pergamino 17 (1095 marzo 14).

51   Para el proceso de parroquización territorial, véase Elvis MALLORQUÍ GARCIA. *Parròquia i societat rural al Bisbat de Girona*. Barcelona: Fundació Noguera, 2011.

densidad demográfica.[52] Pronto, la presencia de un fortalecido poder señorial se vinculará al dominio feudal del linaje de los Rupià, probablemente bajo la órbita de los condes de Empúries. Estos pequeños nobles locales, documentados a lo largo de los siglos XII y XIII, convertirán esta villa en el centro neurálgico de sus posesiones circundantes y en el punto del ejercicio y de la imposición de las exacciones señoriales.

Ya en el siglo XIII, la aparente mengua del poder del linaje señorial, en claro declive en el estos momentos, se contrapone a la paralela intrusión y al creciente protagonismo de la Sede episcopal de Girona en estas tierras. El manifiesto interés y la incidencia de la Mitra gerundense sobre la villa de Rupià y su territorio, sin embargo, venía de antiguo. Entre finales del siglo XI y principios del XII, documentamos las primeras adquisiciones episcopales de propiedades dispersas en la zona, bien sea en forma de tierras y *masos*, bien a través de derechos y rentas.[53] A partir de finales del siglo XII, se constata el inicio del desprendimiento territorial de los Rupià a favor de los obispos gerundenses.[54] Una tendencia que, a lo largo del 1200, con el progresivo incremento del dominio eclesiástico en la zona, culminará con la adquisición episcopal del homónimo castillo señorial, el 5 de diciembre de 1268.[55]

De este modo, la compra del castillo rupianense por parte del obispo Pere de Castellnou a Guillema de Rupià, hija de Bernat de Rupià y parienta del prelado, se enmarcaba dentro de una clara estrategia política de expansión de los dominios de la Sede en esta zona ampurdanesa. De hecho, en la misma transacción de los primeros días de diciembre de 1268, la Mitra obtenía también el cercano castillo de Fonolleres, además de los lugares de Domeny, Sant Ponç y Fontajau, cercanos a Girona, por un precio total de 34.000 sueldos. Tres días más tarde de esta operación, el 8 de diciembre, la misma Guillema de Rupià cedía al obispo los castillos de Sant Pere Pescador y Canyà, junto con distintos derechos en Peralada y Oltrera (obispado de Elna), entre otros.[56]

---

52   Maria Concepció SAURÍ I ROS; Santi SOLER I SIMÓN. *Història del Baix Empordà*. Girona: Diputació de Girona, 2006, p. 146-148; Elvis MALLORQUÍ GARCÍA. *Les Gavarres...*, p. 42-53.

53   ACG, perg. 70 (1065 junio 16); ACG, perg. 78 (1071 febrero 17); ACG, perg. 109 (1093 enero 2); ACG, perg. 122 (1096 septiembre 9); ACG, perg. 120 (1097 mayo 28); ACG, perg. 141 (1106 agosto 8); ACG, perg. 196 (1127 julio 20).

54   ACG, perg. 374 (1171 julio 7); ACG, perg. 460 (1185 enero 25) [testamento de Guillem de Rupià]; ACG, perg. 468 (1187 abril 4). P.M., docs. 106 (1220 abril 1), 150 (1232 septiembre 11), 248 (1261 noviembre 12).

55   C.R.V., doc. 63 (1268 diciembre 5).

56   P.M., doc. 278 (1268 diciembre 8).

Con todo, dentro de esta política de acrecimiento territorial, desde el principio parece clara la voluntad de la Sede de erigir la villa y el castillo de Rupià, conjuntamente con el de La Bisbal d'Empordà, en uno de los centros fortificados principales de la administración y del control de los dominios episcopales de l'Empordà.[57] Un objetivo para cuyo cumplimento se precisó con frecuencia de la pluma cómplice de los nuevos notarios del obispo.

2.2. La notaría.

Como tantas otras escribanías de Cataluña, desconocemos los orígenes exactos de la de Rupià. A lo largo del siglo XII contamos con algunas notícias relacionadas con la actuación en la zona de algunos escribanos, la mayoría de ellos eclesiásticos, muchas veces al lado de los potentados y principales señores del territorio, como los Rupià, los obispos de Girona y algún que otro monasterio. Esta actividad escrituraria se puede rastrear fácilmente a través del estudio de los pergaminos conservados de la época, como por ejemplo los llamados *Pergamins de la Mitra* o el *Cartoral de Rúbriques Vermelles*, ámbos conjuntos publicados, como hemos visto. Para nuestro caso, como veremos, es especialmente notable la presencia, en diferentes documentos anteriores al advenimiento de la Mitra gerundense como señora de la villa en 1268, de Guillem Bernat, subdiácono de Parlavà.[58]

A pesar de la actuación previa de estos primeros escribanos, de momento no podemos confirmar la existencia de una notaría rupianense antes de 1269. En el documento de la compra episcopal del castillo, el 5 de diciembre de 1268, con sus derechos, rentas y pertenencias, no evidencia en ningún momento la presencia de una escribanía en la villa. Es probable que el linaje nobiliario de los Rupià no tuviera la potestad sobre la institución notarial - existente ésta o no -, en manos de un poder señorial mayor.

---

57 Empezando por la temprana anexión al término de Rupià de los lugares circundantes de Parlavà y Ultramort, en 1314 y 1316, respectivamente.

58 P.M., p. 207 (1252 octubre 7); doc. 236 (1260 marzo 7), etc. También aparece en una referencia indirecta dentro de un cabreo episcopal, en la que Guillem Salvador, de Sobrevila, confiesa tener una *quadre de terra* del cual «*habeo instrumentum antichum firmatum et laudatum a Raimundo de Gerundella et donna Agnete de Gerundella, quondam, confectum XV kalendas septembris anno Domini Mº ducentesimo sexsagesimo primo in posse Guillelmi Bernardi, de Palaravano, subdiaconi*". AHG Notarial Ru 21, f. 75v. (1365 marzo 17).

Justamente, este derecho sobre la notaría es vendido al año siguiente, el 23 de mayo de 1269, por el conde Ponç Hug III d'Empúries al prelado gerundense, conjuntamente con el resto de la jurisdicción civil y criminal del castillo de Rupià y sus alrededores. Mediante esta transacción, el conde cedía al obispo la facultad de poder "crear y tener" notarios públicos en el lugar, "*qui possit et valeat auctoritate vestra et successorum vestrorum publica conficere instrumenta*".[59] En cambio, desconocemos si éste era un derecho que la autoridad condal había ejercido a la práctica con anterioridad o si, por el contrario, a partir de ese momento se abría la posibilidad de la creación de una notaría *ex novo* a manos de la nueva señoría episcopal.

Con todo, es cierto que, a partir de esta fecha, con el inicio del dominio señorial y jurisdiccional de los obispos de Girona sobre la práctica totalidad de la villa, empezamos a documentar la actuación de los primeros notarios de Rupià, intitulados como tal. De entrada, la del mismo Guillem Bernat, antes mencionado, ahora convertido significativamente en "*notarius publicus de Rupiano*".[60] Algunos de sus sucesores en el cargo serán, como se observa en el cuadro 1, Bartomeu Planes, de Rupià, Jaume Martí, de Vilafreser (luego notario de Monells), Jofre Bertran o Francesc Sanç, de los cuales, desgraciadamente, conservamos pocas notícias y ningún volumen notarial anterior a 1309.

Todos ellos, a partir de su nombramiento, pasaran a actuar gracias a la concesión de la fe pública y la autoridad que les confiere la Mitra de Girona, señora directa de la notaría. Además, los obispos utilizarán a menudo en beneficio propio la dicha escribanía, requiriendo los servicios de los nuevos notarios para afirmar y consolidar los dominios episcopales en la zona. Solo dos meses después de la adquisición del derecho de notaría, el 14 de julio de 1269, el mismo clérigo Guillem Bernat, investido ahora de *fides publica*, redactaba un documento en el que unos treinta vecinos de Parlavà reconocían al obispo como señor del castillo de Rupià, en tanto que habitantes de su término jurisdiccional.[61]

En relación con el edificio de la notaría, disponemos de algunos datos para determinar de manera aproximada su ubicación dentro de la villa de Rupià durante la época del notario Guillem Ponç (1355-1374). Así, en sus inicios profesionales en Rupià, en 1356, Ponç vivía en unas casas o habitaciones (*domibus*) alquiladas a Berenguer Nadal y Guillem Garriga por la cantidad de 6 sueldos anuales. Estas se

---

59   C.R.V., doc. 64 (1269 mayo 23).

60   Stephen P. BENSCH, «Un notariat baronial...», p. 130. Se trata de un traslado del 25 de octubre de 1272 de un documento original fechado el primero de febrero de 1237.

61   P.M., doc. 283 (1269 julio 14).

encontraban al lado del domicilio de Pere Ferrer, y en ellas tenía Ponç su notaría ("*in quibus teneo dictam notariam*").[62] Nueve años más tarde, en mayo de 1365, el mencionado Garriga confesaba en un cabreo episcopal tener por el obispo de Girona una casa dentro de los muros de la villa, limitante por la parte septentrional "*in quadam domo Guillelmi Poncii, notario*".[63]

La conservación del inventario de la casa de Ponç, realizado *post mortem* en agosto de 1374 para la administración de la tutela y la herencia de sus dos hijos pupilos, permite precisar aún más la localización del habitáculo. En el inicio del documento se declara que los niños vivían en unas casas "*cum domibus eidem contigus*", probablemente las mismas documentadas en años anteriores. Según se desprende del contenido del texto, la casa tendría un mínimo de cuatro dependencias o estancias, probablemente distribuidas en un solo piso. Entre estos aposentos, se encontraba, como veremos más detalladamente, la *scribania*.

Este conjunto habtacional y de trabajo, que delimitaba al norte y al este en los muros de Rupià, se encontraba en el sector nororiental de la villa, donde precisamente se documenta una cierta concentración de los vecinos más destacados social y económicamente de la comunidad. Así, por ejemplo, en la misma calle vivían los donzeles Ramon de Finestres, Dalmau Gallard y Jordà d'Abellars, vinculados con el oficio de la bailía, o también el sayón Guillem Ferrer.

Ante todo, es especialmente significativa la referencia contenida en la mencionada cabrevación, de Guillem Garriga. En el margen izquierdo del asiento de su declaración, con letra de Época Moderna, se puede leer "*Galceran Nató. La notaria.*"[64] Gracias a esta indicación, es posible confirmar que la casa y la notaría de Guillem Ponç, que seguirían utilizando sus descendientes hasta 1436, se encontraría ubicada en el mismo emplazamiento en el que años después, y durante cuatro siglos, se ubicó la escribanía de la estirpe de los notarios Nató (1470-1873), en la actual plaza de la Cúria. La pervivencia en el tiempo y en el espacio de la institución notarial, de esta forma, erigiría este lugar - convertido en manos de los Nató en el edificio de estilo gótico que todavía podemos ver hoy en día - en el punto de referencia dónde, durante varias centurias, los notarios locales continuaron atendiendo a sus clientes y tejiendo con su pluma gran parte de la historia de la villa.

---

62   AHG Ru 480 (12).

63   AHG Ru 21. Cabreo de posesiones de Rupià y Ultramort a favor del obispo de Girona (1358 julio 24 – 1373 enero 3), f. 94r-95r.

64   *Ibidem.*

Notario	Localització / signatura	Fecha
Guillem Bernat, sub-diácono de Parlavà	P.M., doc. 179.	1245 marzo 20
	P.M., doc. 207.	1252 octubre 7
	P.M., doc. 209.	1253 mayo 4
	P.M., doc. 263.	1260 marzo 7
	P.M., doc. 264.	1265
	P.M., doc. 273.	1268 julio 7
	P.M., doc. 283.	1268 julio 14
Guillem Bernat, de Parlavà, *"notarius publicus de Rupiano"*	Citado en Stephen P. BENSCH, «Un notariat baronial...», p. 130.	1272
Bartomeu Planes, notario de Rupià	P.M., doc. 339.	1278 agosto 8
	C.R.V., doc. 80 (81).	1279 enero 23
	AHG Ru 21 (1358-1373), f. 75v.	1285 septiembre 6
	AHG Ru 21 (1358-1373), f. 75v.	1286 marzo 9
Jaume Martí, de Vilafraser, notario sustituto de Jofre Bertran, notario público de Rupià.	AHG Ru 424, *Bernat Nató*, 1754-1804, doc. suelto n. 8. Maria Teresa CEBRIÀ I LLISTOSELLA. «La notaria de Rupià...», p. 60.	1298 enero 6
Gaufred (Jofre) Bertran, notario de Rupià	P.M., doc. 582.	1303 junio 4
Francesc Sanç o Sanxo (1309 – c. 1344)	AHG Ru 469 (1309 diciembre – 1312 marzo 21). Primer manual conservado de la notaría de Rupià.	1309 diciembre

Cuadro 1. *Primeros notarios documentados en la notaría de Rupià.*

2.3. Concesión de la notaría.

A pesar de la entrada progresiva en tierras catalanas, entre los siglos XII y XIII, de las incipientes teorías del renaciente Derecho Común, lo cierto es que la potestad de creación de notarios fue una facultad compartida por diferentes señores feudales a lo largo de la Baja Edad Media.[65] Desde antiguo, la mayoría de sedes episcopales catalanas habían disfrutado de esta prerrogativa, designando notarios, muchos de ellos clérigos, de los lugares de su propia jurisdicción.[66] Precisamente en la ciudad de Girona el obispo estava autorizado, a raíz de un privilegio real de 1263, a nombrar notarios capacitados para redactar actas judiciales y extrajudiciales, motivo de largos conflictos con los notarios reales en este siglo XIV.[67]

La notaría de Rupià pertanecía a un lugar de dominio señorial eclesiástico, propiedad directa del obispo de Girona. En 1269 el prelado gerundense, Pere de Castellnou, además de adquirir, como hemos visto, la jurisdicción civil y criminal de Rupià, Ultramort y Parlavà, también obtenía el derecho de constituir *publicum notarium* en la villa. Este amanuense podría, de este modo, conferir instrumentos públicos por la autoridad episcopal.[68] Maria Teresa Cebrià apunta que es harto significativo el hecho de la adquisición conjunta de la jurisdicción del lugar y del derecho de la notaría, idea totalmente lógica, según ella, "teniendo en cuenta que desde la notaría y la escribanía se ejercían la fe pública extrajudicial y la fe pública judicial respectivamente, elementos fundamentales para el dominio directo."[69] La estrecha relación entre la oficina del notario y la curia señorial se materializaba en la complementación funcional de los notarios, a menudo también escribanos de las actas que atañían principalmente al gobierno civil y judicial de la villa, unos

---

65   Stephen P. BENSCH, «Un notariat baronial...», p. 124.

66   Ignasi J. BAIGES I JARDÍ, «El notariat català: orígens i evolució», en *Actes del I Congrés d'Història del Notariat*. Barcelona: Fundació Noguera, 1994, p. 131-166.

67   *Ibídem*, p. 160-162. Daniel PIÑOL ALABART, «La autoridad de los notarios en la edad media: nominación y práctica. La Corona de Aragón.», en Daniel PIÑOL ALABART (coord.), *La auctoritas del notario en la Sociedad medieval: nominación y prácticas*. Barcelona: Trialba, 2015, p. 92. Para los conflictos entre el poder civil y eclesiástico en relación con las notarías de Girona en esos años, véase sobre todo Josep Maria PONS I GURI, «El conflicte de la notaria de Girona», en *Recull d'estudis d'història jurídica catalana*. Barcelona, Fundació Noguera, 1989, p. 33-93. Según este historiador, esta pugna no es más que la exteriorización de las difíciles relaciones entre la Iglesia y la Corona a lo largo del reinado de Pedro el Cerimonioso.

68   C.R.V., doc. 64 (1269 mayo 23).

69   Maria Teresa CEBRIÀ I LLISTOSELLA, «La notaria de Rupià...», p. 61.

documentos muchas veces incluídos en los mismos protocolos notariales, como veremos.

De esta manera, en Rupià, el obispo de Girona, como señor directo de la notaría, tenía el derecho de nombrar los notarios que ahí actuarían en su nombre, como sucedía también en otras notarías cercanas, como en la de La Bisbal, la de Bàscara o la de Ullà.[70] Conservamos diferentes actas de nombramientos de notarios y concesiones de la escribanía rupianense, algunas de ellas muy ilustrativas. El 10 de febrero de 1342, por ejemplo, el obispo establecía la notaría a Pere Costa, a cambio de un censo anual de 25 sueldos y de una entrada inicial de 1.500, de los cuales el nuevo notario firmaba debitorio.[71] El pago de estas cantidades, sobre todo en el caso de las entradas, solía ser satisfecho de forma fraccionada en diversos terminios. La cuantía de los censos, sin embargo, se mantuvo aparentemente invariable a lo largo de todo el siglo. En 1437 el pago continuaba siendo de 25 sueldos anuales, como se especifica en el documento de subasta de la notaría, mientras que por el "alberch major" o casa principal se entregaban a la Sede un par de capones.[72]

El nombramiento de los notarios, en general mandado directamente por el obispo, constituía, como en muchos otros lugares, un mecanismo de control señorial sobre la escribanía de Rupià y sobre sus escribanos, los cuales adquirían, una vez ratificada su autoridad, el dereho de actuación sobre ésta. De esta forma, en 1350, Guillem Ponç actuaba en La Bisbal amparado por la *auctoritate reverendi domini episcopi Gerundense*,[73] y signaba con su propio *signum*, que reproducimos a continuación.

---

70   AHG Ru 480 (8); AHG Ru 480 (9). Así sucedía también en las otras diócesis catalanas, como por ejemplo en Vic y Tarragona. Rafel GINEBRA I MOLINS, «Les escrivanies eclesiàstiques a Catalunya», en *Actes del II Congrés d'Història del Notariat Català*. Barcelona: Fundació Noguera, 2000, p. 89-160.

71   ADG, *Notularum*, G-16, f. 45-46v y f. 54v.

72   AHG Ru 125 (1446-1448). Documento del 17 de agosto de 1437, citado en Maria Teresa CEBRIÀ I LLISTOSELLA, «La notaria de Rupià...», p. 62. En este libro de notas se contienen los numerosos problemas relacionados con la sucesión de Miquel Ponç, el último notario en Rupià de esta estirpe familiar.

73   AHG Ru 476 (reverso de la cubierta principal).

Nombre del notario	Referencia	Signum
Guillem Ponç	*Sig+num [Guillelmii] Poncii, notarii publici Episcopalis, auctoritate reverendi domini Episcopi Gerundensis, qui predictus vocatus interfuit et hec scribi fecit et clausit.* [AHG Notarial Ru 476 (reverso de la cubierta principal)]	

Cuadro 2. *Signo notarial de Guillem Ponç.*

En definitiva, como en el resto de escribanías de los dominios episcopales gerundenses, los notarios de Rupià, la mayoría de ellos señores útiles de la notaría,[74] recibían y redactaban los documentos emparándose en la fe pública que les confería la condición de notarios episcopales, aunque, a partir de Guillem Ponç, muchos serán también notarios de nombramiento real. Este doble revestimiento de *auctoritas* – común en la Catalunya de finales del siglo XIV - se explica tanto por la necesidad de contar con el título episcopal para el ejercicio del oficio en los respectivos dominios jurisdiccionales, como por la voluntad de los profesionales de incrementar sus beneficios.

En el mismo sentido, la subordinación de la función notarial al servicio del poder señorial, "como elemento intermediario entre la clase política dirigente y los gobernados",[75] fue una constante a lo largo de la geografía catalana.[76] El notario, parte integrante de la pequeña oligarquía local y territorial y con estrecha comunicación con el señor obispo, se convirtió en un elemento clave del sistema de un poder baronial que buscaba, detrás de la fe pública concedida a estos escribanos, la consolidación de su autoridad jurisdiccional. También en Rupià, dónde los notarios se encargarían, además de la escrituración de los quehaceres de la cúria local - lugar visible de la administración de la justicia señorial –, también de sellar los nuevos dominios de la Mitra en las tierras del Baix Empordà.

74　Maria Teresa CEBRIÀ I LLISTOSELLA, «La notaria de Rupià...», p. 62. La autora asegura que, a lo largo de su historia, el dominio útil de la notaría recaerá habitualmente en manos del notario titular, excepto en algunas pocas ocasiones en que este podrá arrendarla.

75　José María CRUSELLES GÓMEZ. *Els notaris...*, 1998, p. 275.

76　Abel RUBIÓ I SERRAT, «La notaria i escrivania...», p. 79-112.

3. LOS NOTARIOS DE RUPIÀ.

Como hemos visto, los notarios de Rupià ejercen su función por la autoridad del obispo de Girona, señor directo de la notaría. El titular de la escribanía posee el dominio útil y tiene, además, la facultad de nombrar sustitutos aptos para el oficio, que teóricamente habrán de ser confirmados por el prelado. De este modo, si bien los notarios titulares obtenían las escribanías mediante su concesión o establecimiento directos por parte del obispo, a su vez, los mismos concesionarios disponían de cierta libertad en la elección de nuevos escribanos sustitutos para el funcionamiento de la oficina. Esta práctica parace ser algo común en otras escribanías de la zona, como en la de La Bisbal. En 1344, por ejemplo, el obispo ratificó el sustituto propuesto tres años antes por el notario titular, Francesc Ballester, mientras este estuviera en Cerdeña.[77]

Con todo, otros dos aspectos fundamentales caracterizan a los escribanos no solo de la villa de Rupià, sinó también, aparentemente, de la zona bajoampurdanesa durante el período estudiado. En primer lugar, su amplia y continua movilidad sobre el territorio, como a menudo demuestra el despliegue simultáneo de su actividad profesional en distintas notarías cercanas, sin aparentes contradicciones jurisdiccionales para su actuación, haciendo uso de su nómina múltiple. Y, en segundo lugar, y a pesar de la anterior, la progresiva estabilización del oficio a través de la implantación de un sistema hereditario en la titulatidad de determinadas escribanías, que se transmitirán de forma casi patrimonial de padres a hijos, como vemos en el caso de Guillem Ponç y sus sucesores.

---

77   Así, en diciembre de 1344, el obispo mandaba hacer escritura pública de la dicha concesión realizada tres años antes. ADG, G-17, f. 190r-190v (1344 diciembre 28).

3.1. LOS PREDECESORES DEL NOTARIO GUILLEM PONÇ.

Al hablar de los orígenes y de la historia de la notaría de Rupià ya nos hemos referido de forma indirecta a los primeros notarios documentados, a finales del siglo XIII. Ante todo, se trata de amanuenses poco conocidos ante la escasez de fuentes. Además, aunque a partir de 1309 conservemos los primeros protocolos notariales, dichos volúmenes también son parcos en información sobre los escribanos anteriores a esa fecha. De hecho, muchos de los datos nos los aportan los documentos procedentes de la Sede gerundense, quien, como señora directa de la notaría, lógicamente mantenía un contacto continuado con la oficina y sus titulares.

El primer notario para quién empezamos a contar con una mayor información sobre su vida profesional y privada es Francesc Sanxo o Sanç. A él debemos la confección del primer manual notarial conservado para la notaría de Rupià, iniciado en 1309.[78] A pesar de ello, dada la trayectoria de la notaría, documentada al menos desde 1269, y teniendo en cuenta el volumen documental del protocolo – de unos 100 folios –, que refleja una considerable actividad notarial, es más que probable que este no hubiera sido el primer manual confeccionado en esta escribanía. Esta hipótesis viene reforzada, además, por la existencia de numerosas referencias en instrumentos posteriores, que remiten a documentos antiguos redactados en la misma villa.

Conocemos algunos datos esenciales del notario Francesc Sanxo, aunque estos sean muy escasos. Entre los meses de marzo y septiembre de 1311, por ejemplo, se encargó de la confección del cabreo de las posesiones de Parlavà del noble local Pere de Xesa,[79] a la vez que desplegaba su función de notario en la escribanía rupianense. Para el período de su trabajo en la notaría (ca. 1309 – ca. 1344), se conservan un total de 13 manuales notariales, aunque la autoría de algunos de ellos es difícil de confirmar.

En abril de 1328, a raíz de una enfermedad, el obispo de Girona aceptaba su sustitución por Antoni Russí o Ros, de quién conservamos, precisamente de este año, un manual de autoría compartida con el susodicho notario Sanxo.[80] Existe

---

78   AHG Ru 469 (1309-1312).

79   P.M., doc. 641.

80   AHG Ru 471 (1328 marzo 26 – 1329 marzo 24). Según la descripción del registro en el catálogo de protocolos del districto de La Bisbal, el mencionado Antoni actuaría desde el 1 de mayo de 1328, momento en que empieza a regir la notaría en nombre de Francesc Sanç. Marc AULADELL I AGULLO; Immaculada COSTA I VIARNÉS; Sílvia MANCEBO I GARCIA; Santi SOLER I

un vacío documental a partir de 1329 hasta el siguiente manual conservado, iniciado en abril de 1335, y atribuido al mismo Sanxo, aparentemente recuperado de su dolencia.[81] Aún así, excepto la referencia a un conjunto de deudas no satisfechas,[82] la conservación a partir de este momento de solo dos volúmenes notariales más impide enormemente el seguimiento de su trayectoria vital y profesional hasta la notícia documentada de su muerte, acaecida antes del 31 de marzo de 1344. De hecho, conocemos la notícia de su fallecimiento gracias al documento de nombramiento episcopal de un nuevo notario, Pere Costa, entonces escribano de Monells.[83] La desaparición de un primer Sanxo obligaría, en todo caso, a replantear la autoría de los manuales conservados a partir de la fecha de 1344, que fueron atribuídos teóricamente a un mismo notario desde 1309 en el catálogo editado por la Fundació Noguera.[84]

Es difícil precisar la organización de la notaría durante estos años sin un acurado análisis de todos los protocolos conservados, algo que no compete a este estudio. Sin embargo, es posible que la desaparición del notario titular en 1344 implicara el inicio de un período de cierto desorden en la escribanía, cuyo dominio útil recaería, aparentemente, en el mencionado Pere Costa (1344-1351).[85] Este último, elegido directamente por el obispo, y con plenas facultades para nombrar sustitutos, tuvo que afrontar sin embargo la oposición a su nombramiento planteada por otro Francesc Sanxo homónimo, hijo del notario de Bàscara, Guillem Sanxo, y seguramente familiar del anterior notario difunto, quien alegaba de forma problemática ciertos derechos sobre la notaría.

De hecho, es muy probable que este segundo Sanxo hubiera trabajado como amanuense o auxiliar en la oficina de Rupià en los últimos años de vida del notario titular, por lo que reclamaría ahora su puesto dentro de la oficina. Ello lo probaría la orden episcopal, ya en diciembre de 1344, de que Francesc Sanxo II

SIMON. *Catàleg dels protocols del districte de la Bisbal d'Empordà*. Barcelona: Fundació Noguera, 2017, vol. II, p. 878.

81   AHG Ru 2 (1335 abril 4 – 1337 agosto 11).

82   El 11 de diciembre de 1335, Francesc Sanç-Sanxo prometía satisfacer su parte de la deuda de 6.000 sueldos a favor del pañero de Girona Guillem de Santmartí (ADG, G-11, f. 5). Por otro lado, tenemos constancia de la deuda de Sanç contraída con María Carreres, criada que le había servido durante dos años en su casa, y que en mayo de 1326 reclamaba su sobrina (ADG, U-2, f. 75r-75v; ADG, U-2, f. 85).

83   ADG, U-7, f. 156v-166 (1344 marzo 31).

84   Marc AULADELL I AGULLO, et al. *Catàleg dels protocols...*, vol. II, p. 878.

85   *Ibidem*, p. 878-879. Nosotros, como hemos dicho, hemos adelantado el inicio del período de su regencia, como consecuencia del hallazgo del mencionado nombramiento episcopal en 1344.

entregase todos los protocolos de Rupià que tuviera en su poder.[86] Ante la negativa de éste de ceder su puesto, en abril de 1344 el obispo tuvo que insistir a su mayordomo, Pere Fresolf, y al baile episcopal de Rupià, Bernat Roca, de que diesen posesión de la escribanía al mencionado Costa, a pesar de toda oposición.[87] No obstante, parece que las partes llegaron a alguna solución de compromiso que, aparentemente, benefició al nuevo Sanxo, quién prometía, el 21 de febrero de 1345, ejercer fielmente el oficio de notario de Rupià.[88]

Aun así, parece que Francesc Sanxo II no ejercería sinó con neglicencia la profesión en la dicha notaría. Solo unos meses después, entre octubre y noviembre de 1345, se había abierto una causa contra él, al parecer a raíz de cierta "falsedad" encontrada en uno de sus manuales notariales, por la que fue condenado y finalmente encarcelado.[89] A principios de julio de 1346 se ordenó al baile episcopal de la villa la liberación del notario prisionero a cambio de una fianza de 10.000 sueldos.[90] Pero, con el proceso judicial aun en marcha, Sanxo no contaba con la confianza del obispo, quien mandó que el notario y su sustituto, Berenguer Roig, también encarcelado, hicieran entrega de la llave de la escribanía, para que no puedieran "desaparecer" pruebas de su delito.[91]

Ya en agosto de este mismo año (1346), el obispo ordenaba al baile reprender al notario públicamente, y, después, entregarle de nuevo todos los volúmenes de la escribanía, excepto aquel en el que se había encontrado la falsedad documental.[92] A pesar de ello, no volvemos a tener noticias de Sanxo en la notaría hasta que, a finales de octubre de 1346, Pere Costa envió una carta al obispo notificando su defunción. En esta misma misiva, Costa, ahora sí titular de la escribanía sin oposición, informa al prelado que, a raíz del óbito, toma posesión plena de la notaría.[93]

Todas estas noticias manifiestan un período de cierta inestabilidad en la oficina notarial de Rupià, que puede reflejarse, también, en la sobredimensionada presencia de notarios trabajando allí al mismo tiempo. A parte de la actividad

---

86   ADG, U-8, f. 173v-174 (1344 diciembre 21).

87   *Ibidem,* f. 5r-5v (1344 abril 7); ADG, G-18, f. 5r-5v (1345 febrero 6).

88   ADG, G-18, f. 12r.

89   *Ibidem,* f. 65 (1345 octubre 21); U-9, f. 117 (1345 noviembre 4); U-10, f. 91, 93v (1346 agosto, ca. 15).

90   *Ibidem,* f. 76r.

91   *Ibidem,* f. 77v.

92   Íbidem, f. 91 y 93v (1346 agosto).

93   ADG, G-18, f. 185r-185v (1346 octubre 28).

del ya mencionado Francesc Sanxo II, entre 1344 y 1351 documentamos la actuación, a menudo conjunta y en paralelo, de cuatro notarios más (Pere Costa, Bernat Salvador, Bernat Oller y Guillem Ponç), algunos en calidad de titulares de la notaría, otros como sustitutos del regente correspondiente. Bernat Oller, natural de Albons, ya clausuraría algunas de las actas en el manual de Sanxo de 1344-1345, y, después de la muerte de este, en el de 1345-1346, mientras que en 1347 había de jurar ante el baile por su cargo de sustituto a proposición del mismo Pere Costa.[94]

Muestra de esta diversidad de escribanos es la participación colectiva en la redacción del manual de 1346-1347,[95] en el que actuaron, de forma combinada en diferentes meses, Pere Costa, Bernat Salvador, Bernat Oller y Guillem Ponç, quien iría introduciéndose progresivamente en la actividad de la notaría de Rupià.

3.2. Guillem Ponç (1345-1374).

A pesar de la cierta confusión provocada por los documentos, lo más probable es que Guillem Ponç fuera natural de la villa de Bàscara, como se indica en uno de los primeros documentos disponibles sobre su persona: su nombramiento como notario episcopal en 1349.[96] Sin embargo, sus mismos orígenes ya nos hablan de una temprana itinerancia vital sobre el territorio, con vínculos familiares en La Tallada d'Empordà[97] y, sobre todo, trabajando largos años en las notarías de Ullastret – documentado en 1345[98] –, de La Bisbal y, finalmente, de Rupià, donde acabaría sus días.

---

94   AHG Ru 472 (1344 marzo 26 – 1345 marzo 23); AHG Ru 473 (1345 marzo 30 – 1346 marzo 24); ADG, U-10, f. 159v. De hecho, conservamos para agosto de 1347 a enero de 1348 un manual notarial de su actividad durante este período. AHG Ru 475 (1347 agosto 13 – 1348 enero, c. 4).

95   AHG Ru 468 (1346 octubre 31 – 1347 agosto 10).

96   ADG, G-22 f. 93r-93v.

97   En su testamento hace una serie de legados a las iglesias de Sant Esteve de Maranyà, Sant Julià de Verges y Santa Maria de la Tallada, para la celebración de oficios para su alma y la de sus padres, Guillem y Beatriu. Además, su hermano Ramon poseía unas tierras situadas entre la Tallada y Verges, en los lugares llamados "Feixa des Pla" y "Pedregar". AHG Ru 493, f. 16r, 17r, 17v; AHG Ru 15 (1363 octubre 15). En La Tallada, incluso, Ponç tenía un hijo bastardo llamado también Guillem, a quien nombrava procurador en abril de 1359. AHG Ru 10 (1359 abril 6).

98   AHG Ru 473, f. 86r. De esta manera, Ponç tendría la doble facultad de actuación tanto en los dominios episcopales, por autoridad pública otorgada por la Mitra gerundense, como también en todo el condado de Ampúrias, por autoridad del conde emporitano, señor directo de la escribanía de Ullastret. Esta última autoridad aun la utilizaría Ponç en mayo de 1358, en un instrumento

A partir de los documentos episcopales (cartas, nombramientos), de sus propios protocolos notariales conservados y, sobre todo, gracias al hallazgo de su testamento y de dos inventarios *post-mortem* de su casa, podemos ofrecer una aproximación mínimanente aceptable de la persona del notario, con especial énfasis en su vida laboral.

3.2.1. Los inicios profesionales.

Carecemos de datos para conocer en profundidad la etapa de formación de Ponç como notario, más allá de haber pasado la ceremonia de la tonsura eclesiástica.[99] A pesar de ello, la existencia de unos mínimos estudios explicaría la ostentación, entre 1350 y 1353, del cargo de juez ordinario de la curia de Rupià, puesto normalmente ocupado por jurisperitos expertos, muchos de ellos licenciados en leyes.[100] Este hecho podría ser indicio de una buena base formativa jurídico-legal, materializada también, como veremos, en una pequeña biblioteca de títulos jurídicos.

Los orígenes profesionales del futuro notario también son poco claros. Es probable que, siguiendo la costumbre de la época, el joven Guillem se hubiera iniciado como aprendiz *morando in arte* en alguna oficina de un notario más o menos cercano, adquiriendo a diario las nociones básicas de la redacción de los documentos y todo el bagaje formativo necesario para desarrollar correctamente las funciones notariales.[101] Esta primera notaría probablemente fuera la de Ullastret, donde es documentado por primeza vez.

3.2.2. En la notaría de La Bisbal (1346-1362).

No es hasta 1346 cuando se empieza a documentar la intensa actividad notarial que llevará a cabo Guillem Ponç a lo largo de su vida. En noviembre de ese mismo año, seguramente procedente de la escribanía de Ullastret, ya trabaja en la notaría de La Bisbal, a las órdenes del notario titular, Francesc Ballester, hasta la muerte de este, acaecida a finales de 1347.[102]

---

redactado en Vulpellac (referencia en AHG Ru 17, 1366 octubre 22).

99   ADG G-22 f. 93r-93v.

100   Por ejemplo, Guafred Bertran, jurisperito y notario de Rupià en 1309 (AHG Ru 490, f. 200r), Bernat Llapart, jurista y juez de La Bisbal, Rupià y Sant Sadurní en 1322 (ADG, G-3, f. 129v-130v.) o Guillem de Pi, jurista natural de Llagostera, nombrado juez de Rupià en octubre de 1362 (ADG, U-46, f. 63v-64).

101   Laureà PAGAROLAS I SABATÉ. «Notaris i auxiliars...», p. 63-64.

102   AHG LB 1695, f. 1v-2r. La familia Ballester era titular de la escribanía desde finales del siglo XIII.

La labor profesional de Ponç como notario de La Bisbal se desarrolló, prácticamente sin interrupciones, durante estos años centrales del siglo XIV, como lo demuestran no solo los seis protocolos notariales conservados de su actividad,[103] sinó también diferentes documentos de la Sede de Girona, a la cual satisfacía periódicamente el precio del arrendamiento de la escribanía.[104]

En efecto, a partir de la muerte de Ballester, Ponç actuaría como regente de la dicha notaría,[105] como lo confirma el ya referido nombramiento episcopal de abril de 1349. Un mes más tarde, el 16 de mayo, el obispo le vendía o arrendaba durante dos años los emolumentos de la escribanía bisbalense por el precio de 500 sueldos anuales.[106] Aun así, Ponç no era el titular de la oficina. En enero de 1357, el obispo Berenguer de Cruïlles, sin querer perjudicar a Caterina, hija y heredera de Francesc Ballester, prorrogaba la regencia de nuestro notario hasta que la heredera encontrara otro regente.[107] En este sentido, dos meses después, el 24 de marzo, Caterina presentó como sustituto de su padre a Pere Avinent, de Pals, quien fue inmediatamente ratificado por el obispo.[108] A partir de ese momento, no podemos asegurar cual fue el papel de Ponç dentro de la escribanía de La Bisbal, aunque redactó un libro de testamentos durante esos años.[109]

Cabe decir que el trabajo de Ponç en La Bisbal se había ido compaginando, como veremos, con sus primeros trabajos en la villa de Rupià desde 1347, ejerciendo incluso las funciones de juez de la curia señorial del lugar entre 1350-51 y 1352-53. En efecto, a pesar de esta doble actuación paralela en las dos escribanías, en los años iniciales de esta década se observa una disminución de su actividad profesional en La Bisbal, a la par que aumenta considerablemente la ejercida en Rupià. La materialización de su definitivo traslado a la villa de Rupià lo marcaría, con toda probabilidad, la venta de su casa de La Bisbal el 17 de abril de 1359.[110]

---

103   Marc AULADELL I AGULLÓ, et al. *Catàleg dels protocols...*, vol. I, p. 93-94.

104   Entre otros ejemplos: ADG G-22, f. 137r; G-24, f. 64v.; ADG, G-24, f. 200.

105   Gracias a una notícia posterior, de enero de 1357, sabemos que el obispo Arnau de Mont-rodon (1335- 1348) le otorgó la regencia de la notaría, a raíz de la muerte de Francesc Ballester (ADG, G-36, f. 49-50).

106   ADG G-22, f. 137r.

107   ADG G-36, f. 49-50. Parece que ya desde 1355 la Mitra de Girona tenía intención de vender la notaría bisbalense, a falta de un titular estable. ADG U-27, f. 63v. (1355 octubre 3).

108   ADG G-36, f. 111r-111v. No se conserva ningún protocolo notarial del paso de Pere Avinent por la notaría de La Bisbal, aunque sabemos de su actuación.

109   AHG LB 1694 (1356-1362).

110   AHG Ru 10 (1359 abril 17). Los compradores eran los cónyugues Guillem Rigalf y Caterina y la madre del primero, Dolça. El precio estipulado fue de 990 sueldos barceloneses de terno.

3.2.3. Sus años en la villa de Rupià.

La presencia de Guillem Ponç en la escribanía de Rupià ya se documenta desde enero de 1347, cuando participó en la redacción de un manual junto a los notarios Pere Costa, Bernat Salvador y Bernat Oller.[111] A partir de entonces, realizará de forma intermitente algunos trabajos esporádicos, que lo introducirán profesionalmente en la villa.[112] Entre los bienios de 1350-51 y 1352-53,[113] además, Guillem, todavía notario de La Bisbal, ejerce paralelamente las funciones de juez ordinario de la curia de Rupià, cargo que le reportaría una notable significación y acabaría orientándolo definitivamente hacia esta villa en los años centrales de la década.

En efecto, el 15 de diciembre de 1355, finalmente, iniciaría el primero de los 34 volúmenes notariales – 26 libros de notas, 5 manuales notariales y 3 cabreos señoriales– que se han conservado de su trabajo en Rupià hasta la fecha de su muerte, en 1374. Esta gran cantidad de protocolos disponibles – de la cual, en este trabajo, solo analizamos una brevísima parte – constituye, de hecho, el resultado visible del despliegue de una gran e intensa actividad notarial por parte de Ponç en esta villa, confeccionando casi un volumen por semestre.

Además, el estudio de toda esta extensa y rica documentación permite poner de relieve el nivel de ascenso profesional y la relevancia social que adquirió Guillem Ponç dentro de la comunidad local como notario de la villa y, también, como agente al servicio de los designios y voluntades episcopales. Su imprescindible labor profesional lo convierte en un personaje de confianza para sus clientes, que buscan sus servicios y, a menudo, demandan su consejo para la resolución de diferentes asuntos contractuales. De hecho, por la notaría de Ponç, como veremos, pasaron la mayor parte de los vecinos de Rupià y sus alrededores en algún momento de su vida para la escrituración de todo tipo de negocios. La escribanía rupianense, ubicada en uno de los centros neurálgicos de la villa, y ante la inexistencia de oficinas más cercanas, se erigirá como centro notarial y polo de atracción contractual una ámplia zona.

Por otro lado, el notario destacó por ser un elemento clave del engranaje feudal y del sistema de poder y de control señorial. Como hemos señalado, durante la etapa de su actividad en la notaría de Rupià, se encargó de la redacción de hasta

---

111   AHG Ru 468 (1346, octubre 31 - 1347, agosto 10).

112   AHG Ru 475.

113   AHG Ru 476; AHG Ru 505.

3 cabreos de posesiones episcopales en la zona.[114] Entre los folios de sus protocolos, además, se conservan numerosos documentos de homenaje al obispo, prestados por los habitantes del lugar, como el que redactó el mismo Ponç el 1 de julio de 1374, justo unas semanas antes de morir, en el que se contiene el juramento de hasta 130 hombres del territorio circundante.[115]

En la misma línea, como uno de los principales agentes intermediarios entre el obispo y los habitantes de la villa, el notario fue muchas veces el responsable de ejecutar diferentes decisiones y encargos del poder episcopal, algunas de una gran significación y relevancia. En un contexto de guerra generalizado, a finales de noviembre de 1365, ante el peligro del paso por Catalunya de las llamadas compañías blancas de mercenarios, el obispo encomendó el castillo de Rupià a Ponç, junto con otros tres vecinos ilustres, con la facultad de obligar a la gente a recojerse dentro para su protección.[116] Ante una situación de emergencia, el hecho revela la disposición del notario local, juntamente con otros habitantes respetados dentro de la comunidad, como medio para controlar y dirigir a la población en un momento excepcional.

3.2.4. La muerte del personaje.

La mayor disponibilidad de documentación notarial, derivada del trabajo de Ponç en la notaría, conlleva paralelamente un aumento considerable de los datos referentes al perfil personal del notario, muchas veces otorgante o beneficiario de

---

114 Se trata del cabreo de posesiones del obispo de Girona en Rupià y Ultramort [AHG Ru 21 (1358 julio 24 – 1373 enero 3)], del de Parlavà y Ultramort [AHG Ru 521 (1372 febrero 20 – 1373 junio 8)] y, posiblemente, de otro cabreo de Rupià, Parlavà, Ultramort y Cassà de Pelràs, de notario no identificado y sin datación, pero que por su información contenida puede situarse, seguramente, entre finales de la década de 1360 y principios de la de 1370 [AHG Ru 604]. Además, encontramos entre sus registros un libro de administración y actos particulares del donzel Jordà d'Abellars, quien ocupó diferentes cargos señoriales en las instituciones locales, como el de baile [AHG Notarial Ru 606 (1362 noviembre 1 – 1370 mayo 31)].

115 AHG Ru 500 (1374 julio 1). En cambio, el *fogatge* de 1378 otorga conjuntamente a Rupià y Parlavà 74 fuegos eclesiásticos (Esther REDONDO GARCÍA, *El fogatjament general de Catalunya de 1378*. Barcelona: CSIC, 2002, p. 240), el mismo número que aparece en 1403 en el proceso realizado para el cobro del impuesto real del *coronatge* (Imma PUIG I ALEU, *Una visita pastoral al Baix Empordà als anys 1420-1423*. Barcelona: Fundació Noguera, 2006, p. 232).

116 ADG, U-55, f. 66v (1365 noviembre 28). Parece evidente, durante todo el siglo XIV, y especialmente en estos años cincuenta y sesenta, la voluntad de la Sede gerundense de erigir la villa de Rupià en un punto fuerte y centro neurálgico de sus dominios en la zona. Son múltiples las peticiones de fortificación de la villa, y también recurrentes las negativas de los habitantes de Parlavà y Ultramort a participar en la contribución para la construcción de las murallas [por ejemplo, ADG, U-25, f. 264 (1355 marzo 11)].

algunos documentos de su propia oficina. Aun así, por la extensión del presente estudio, solo analizaremos en profundidad tres documentos trascendentales para la vida del individuo en cuestión. Estamos hablando de su testamento, otorgado el mismo día de su muerte, de dos inventarios *post-mortem* de sus bienes, redactados varios días después, cuya transcripción aportamos en el apéndice final (documentos 1 y 2).

El testamento del notario.

Guillem Ponç murió el viernes 19 de julio de 1374, a la hora de completas. La notícia de su traspado fue recogida, seguramente por su ayudante, Ramon d'Orts, en el reverso de la cubierta principal de su último libro de notas:

"Divendres a XIX de juliol de l'any de nostra Senyor M CCC LXXIIII, a hora de completa, passà d'esta vida en G. Pons, notari del castell de Rupiàn."[117]

Por motivos que desconocemos, aunque probablemente vinculados al trabajo diario en la oficina, otra noticia similar fue añadida en el margen superior de un folio del libro de notas de 1361:

"Anno a nativitate Domini MºCCC LXXIIII, XIX die julii, migravit ab hac luce Guillelmo Poncii, notario de Rupiano".[118]

Es casi imposible aventurar la edad aproximada en el momento de su muerte. Atendiendo a los límites legales establecidos en las Constituciones de Cataluña, que fijaban como condición indispensable para los nuevos aspirantes al ejercicio de la función notarial una edad mínima de 24 años,[119] Guillem Ponç, documentado por primera vez como notario de Ullastret en 1345, podría rondar la cincuentena en la hora de su traspaso.

Durante el mismo día de su óbito, enfermo pero consciente, había dictado su última voluntad, en la cual nombraba heredero universal a su hijo Guillem, futuro notario de Rupià y de otras villas ampurdanesas.[120] A él le dejaba la regencia

---

117   AHG Ru 500 (reverso de la cubierta). Una práctica habitual, la de la memoria familiar, entre la documentación de carácter privado, más si implicaba una alteración en el funcionamiento de la escribanía. Daniel PIÑOL ALABART. *Escriure a l'edat mitjana: poder, gestió i memòria.* Barcelona: Universitat de Barcelona Edicions, 2018, p. 38-42.

118   AHG Ru 11 (1361 mayo 8).

119   *Constitucions y altres drets de Cathalunya* (1704), vol. I, lib. IV; tit. XIII; const. II.

120   AHG Ru 500, f. 47r-48v.

de la escribanía rupianense, a pesar de su corta edat pupilar.[121] Ramon d'Orts, escribano jurado del notario moribundo, y Francesc Guinard, después, se encargarían entre 1373-1376 y 1376-1388, respectivamente, de ejercer como regentes sustitutos en nombre del heredero Guillem, hasta su mayoría de edad.

Los albaceas del testamento fueron el confesor del notario, Gerald Celrà, rector de la capilla del castillo de Foixà y antiguo sacristán de Rupià, su yerno Bernat Marquès, de Monells, su hermano Ramon Ponç, de La Tallada - ausentes en ese preciso instante - y Graïda, su segunda mujer y madre de su heredero. A todos ellos les encomendaba la misión de hacer cumplir una serie de donaciones y legados, la mayoría de carácter religioso en diferentes parroquias de la zona, con las cuales habría existido algún tipo de vínculo personal en vida. En este sentido, creemos significativo el olvido de La Bisbal en esta última voluntad, a pesar de todos sus años de trabajo como notario de la villa.

Gran parte de los legados religiosos se destinaban a la iglesia de Sant Vicenç de Rupià, de la cual era parroquiano desde hacía veinte años y en cuyo cementerio eligió sepultura mediante el pago de 5 sueldos a los clérigos. Sin embargo, Ponç también destinaba cantidades para oficios divinos en otras iglesias de la zona, para las almas de su primera esposa, Alaïdis, y las de sus padres difuntos.

A lo largo del testamento, además, van apareciendo familiares y personas cercanas al notario. Así, en el momento de su muerte, Ponç se acordaba de sus hijas. A la pequeña, Beatriz, de tan solo cuatro años, le dejaba 3.000 sueldos en concepto de legítima paterna, una cantidad considerable, destinada a su dote, que habría de satisfacer en el momento oportuno su tutor, Bernat Marquès, y otros amigos, mediante la administración tutelar de sus bienes. A la hija mayor, Caterina, casada con el mismo Marquès al menos desde 1361,[122] y puede que hija del primer matrimonio de Ponç con la difunta Aleu, le concedía 5 sueldos como suplemento de su herencia ya satisfecha durante sus nupcias.

Graïda, su esposa, y su yerno Bernat tomaban un protagonismo principal en el testamento del notario. A la primera, concediéndole toda la restitución de su

---

121 Por unas anotaciones en el reverso de la cubierta posterior del volumen de 1370 sabemos que el pequeño Guillem nació el 20 de septiembre de 1365, y que fueron sus padrinos el prior del monasterio de Ullá (posiblemente, Dalmau de Godell) y una *donna*, de la cual desconocemos el nombre. Por su parte, la hija pequeña, Beatriu, según la misma anotación, vino al mundo el martes 16 de abril de 1370, y fue bautizada el domingo siguiente, 21 de abril. La referencia se cierra con la interesante noticia de que algunos vecinos entregaron a la madre de la niña, mientras aún yacía en cama por el parto, una serie de bienes, sobre todo gallinas (AHG Ru 490, reverso de la cuberta posterior).

122 Según una referencia en un documento del 23 de noviembre de 1361 (AHG Ru 12).

dote, le otorgaba plena potestad sobre sus bienes (*dominam et potentem de omnibus bonis meis*), mientras viviera casta y buscase siempre la utilidad y el bien para su heredero. Al segundo, Bernat, le otorgaba libre disposición sobre todos sus bienes, así como amplios poderes para venderlos y distribuirlos sin problemas, junto con el resto de albaceas, con el objetivo de satisfacer sus posibles deudas. Además, como se ha dicho, lo nombraba tutor de sus hijos pupilos, Guillem y Beatriu, cuñados suyos, mientras durara su minoría de edad, con la misión de cuidarlos, mantenerlos y nutrirlos diligentemente, haciendo inventario de sus bienes para la efectiva administración de su tutela.

Finalmente, Ponç dejaba 9 florines de oro de Aragón, una de las cantidades más elevadas del testamento, a su ayudante (*macipio meo*), Mateu Celrà, en remuneración de sus servicios. En efecto, Celrà, que era también clérigo tonsurado de la capilla de Santa María de Foixà, y que realizaba seguramente tascas auxiliares en la escribanía de Rupià, aparece documentado muy frecuentemente en estos años en la notaría, y, de hecho, se encuentra presente, días después de la muerte de Ponç, en el proceso de redacción del inventario del notario.

Breves notas sobre los inventarios de bienes.

En efecto, una semana después de la muerte de Guillem Ponç se procedió a la redacción de dos inventarios diferentes, aunque complementarios, de sus bienes.[123] El primero, realizado el 2 de agosto, se hizo a petición de la mujer del notario, Graïda, que se ocupó de inventariar los bienes de su difunto esposo, como era obligación de las viudas en Cataluña.[124] El segundo inventario, casi idéntico, y que transcribimos en el apéndice, fue redactado al día siguiente y es el resultado del mandato del mencionado tutor, Bernat Marquès, y de Galceran de Castells, juez ordinario de la curia de Rupià, correspondiendo a los bienes que formaban parte de la heredad de los pupilos, Guillem y Beatriu, en concepto de administración de su tutela.[125]

---

123 AHG Ru 500, f. 69r-71r y 73r-74r. El análisis comparado de los dos documentos puede resultar interesate, especialmente en algunas variaciones en las descripciones de los bienes, que nos aportan más datos sobre los objetos. Es curioso como, por ejemplo, las tres quarteras de carne salada del día 2 de agosto, se convierten en solo dos al día siguiente. Sin embargo, por la extensión de este estudio, y atendiendo a las similitudes del contenido de ambos inventarios, en el apéndice final aportamos únicamente la transcripción del segundo de ellos, el elaborado el 3 de agosto (apéndice, doc. 2).

124 Mireia COMAS VIA. *Entre la solitud i la llibertat. Vídues barcelonines a finals de l'Edat Mitjana.* Barcelona: Viella, 2015, p. 91-137.

125 AHG Ru 500, f. 73r-74r. Además, estaban presentes el notario (seguramente Ramon d'Orts, que había tomado posesión de la notaría el 23 de julio, como veremos) y los testimonios Jaume Pere,

Todas las pertinencias se encontraban en la casa donde vivía el difunto, *cum domibus eidem contiguis*, localizada dentro de los muros de Rupià, en la zona nororiental de la villa. El edificio, seguramente de una sola planta, se dividía al menos en cuatro estancias o dependencias que debían unirse por el interior. Entre ellas se encontraba la notaría, siguiendo el mismo modelo de casa-obrador propuesto por Laureà Pagarolas.[126] Aun así, la función notarial no trascendería mucho más allá de la figura de su titular, que llevaba a término su oficio y representaba la misma autoridad de la institución en su persona en cualquier lugar.[127]

La entrada de la casa no se distingue demasiado de la de otros hogares rurales cercanos. El apelativo complementario de este vestíbulo también como *celler* (bodega), nos habla de su uso principal. Además del vino, aquí se almacenan diferentes productos alimentarios y utensilios y materiales para su conservación y manipulación. Por otro lado, esta parte de la casa haría las veces de comedor, ya que encontramos varias sillas, un banco y una mesa para comer. Muchas de las numerosas ropas inventariadas se localizan también en esta estancia, puede que dispuestas ahí para facilitar su inventariado.

En la cámara principal, utilizada probablemente como dormitorio familiar, se encuentran los elementos necesarios para dormir (colchones, sábanas, cojines…). La habitación cuenta además con una alfombra y una cortina. Dentro del arquibanco registrado se guardarían, seguramente, la mayor parte de las ropas y toallas que se describen a lo largo del texto.

Dentro de un contexto rural, sin lujos excesivos, lo cierto es que se observa una diferenciación cualitativa y, sobre todo, cuantitativa de los objetos propiedad del notario, en comparación con los inventarios de las casas vecinas. Por ejemplo, la abundancia y la considerable gama de ropajes inventariados, tanto de hombre como de mujer, de diferentes colores y materiales, podría ser, a falta de un estudio más detallado, una clara muestra de la eminente posición social del notario de la villa con respecto al resto de vecinos, y un ejemplo de una clara solvencia económica.

Ante todo, en este trabajo nos interesa destacar la parte de la casa dedicada a la escribanía. Aparentemente, en los inventarios se refieren dos espacios para el desarrollo de la función notarial. Parece que la habitación que acogería la actividad profesional del notario contaba con una cambra adicional, la *camera scribanie*,

---

de Sant Iscle, y Mateu Celrà, de Foixà, ayudante (*macipo*) del difunto Ponç.

126 Laureà PAGAROLAS I SABATÉ. «Notaris i auxiliars de la funció notarial...», p. 53.

127 José María CRUSELLES GÓMEZ. *Els notaris de la ciutat de València...*, p. 113.

y cuyo uso no queda claro. Es posible que allí pudiera haber dormido alguno de los ayudantes del notario, ya que se localizan un colchón y diferentes atavíos para la cama, similarmente documentadas en la misma notaría. Finalmente, en esta primera *camera* encontramos un libro rojo y algunos objetos de valor, como una taza y un par de cucharas de plata.

Esta sala parece comunicar de alguna manera con el espacio de la casa utilizado como cocina, ya que a continuación se refieren gran cantidad de objetos como morteros, ollas, hasta dieciocho cuencos, dos mesas o dos asadores de hierro. Puede que el espacio culinario contara con una salida a un patio exterior, donde se encuentra un rocín y los paramentos para montarlo.

Sin embargo, es en la *scribania* - seguramente, con acceso independiente a la calle - donde se refieren los objetos elementales para la actividad y la tarea diaria del notario, quien atendería allí a sus clientes. En ella encontramos solo unos pocos utensilios y materiales indispensables para la escritura (dos tinteros de plomo), pero, de manera significativa, también algunas obras de referencia relacionadas con el arte de la notaría y su ejercicio, posesiones habituales entre muchos notarios de la época.[128] Se inventarió, por ejemplo, un *Rotlandin* - documentado como *Rotlandina* en el inventario de la viuda - que equivale a la *Summa artis notariae* de Rolandino Passaggeri,[129] obra fundamental para el aprendizaje de los escribanos y el trabajo cotidiano del notario,[130] muy extendida entre los profesionales del derecho. Por otro lado, se registra también un libro en papel titulado *Vadell*, formulario notarial compilado por el notario mallorquín Guillem Vadell, ampliamente difundido en toda Cataluña, y con un ejemplar conservado, sospechosamente, para la cercana notaría de La Bisbal.[131]

Finalmente, a parte de un salterio, se constata la posesión de unas *Consitutiones*, que, a su vez, contenían los Usajes de Cataluña, obra jurídica de carácter general de obligada consulta para la redacción de determinadas cuestiones de derecho público y consuetudinario catalán.[132] Según Max Turull, mientras que

---

128 Daniel PIÑOL ALABART, «Pere Sabater, notari...», p. 125-152.

129 Se iniciaba, con un letras blancas, con las palabras "Antiquis temporibus [*super contractuum et instrumentorum formas...*", como siguen algunos textos conservados del tratado, como el bello manuscrito de la Biblioteca Vaticana (Biblioteca Vaticana, Mn. Urb. lat. 177, f. 2r-77r. https://digi.vatlib.it/view/MSS_Urb.lat.177 [última consulta: 25 abril 2021].

130 Max TURULL RUBINAT, «Antoni Toldrà (notari del segle XIV) i la "Summa Rolandina"», *Miscel·lània Cerverina*, 6 (1988), p. 27-51.

131 Maria Josepa ARNALL I JUAN, «Fragment d'un formulari notarial del segle XIV conservat a l'Arxiu Històric de Girona», *Acta Historica et Archaeologica Mediaevalia*, 22 (2001), p. 435-457.

132 Es así, creemos, en tanto que se inicia con los términos "*Antequam Usatici...*". Se trata de un libro en

la obra de Rolandino había de servir para resolver dudas y cuestiones derivadas de la problemática contractual privada, las obras de carácter más genérico, como eran las Constituciones, tenían que responder y esclarecer nociones generales de Derecho Público.[133]

La sucesión notarial

Para acabar este apartado dedicado a la figura de Guillem Ponç, no queremos dejar de mencionar algunos elementos significativos en relación a su sucesión en la notaría. A la noticia de la muerte de Guillem Ponç la sigue, a continuación, la del inicio de la regencia del notario Ramon d'Orts, nombrado por el obispo, solo cuatro días después:

> *"E puys lo dimarts següent, a XXIII del dit mes de juliol de l'any de LXXIIII fo creat notari del dit castell e terme d'equell en Ramon d'Orts, per mosenyor en Bertran, per la gràcia de Déu bisbe de Girona."*[134]

El día 26 de julio de 1374 el prelado escribía una carta al baile Bernat Roca, ordenando la entrega de las escrituras de la escribanía al nuevo notario de Rupià.[135] Según Ferrer i Mallol y Riera i Sans, la intervención de la autoridad en la transmisión de los protocolos de notario a notario, queriendo evitar su pérdida irremediable, se debía a la voluntad expresa de asegurar la necesaria continuidad de la función notarial, en la línea de la preservación de la *res publica*.[136]

En efecto, los poderes públicos se preocuparon pronto de la reglamentación entorno del problema de la conservación y transmisión de protocolos. En este sentido, mucho se ha debatido sobre la propiedad, pública o privada, de los protocolos de los notarios catalanes.[137] Para nuestro caso, es harto significativo que

---

papel, muy lejos de los grandes códices iluminados que nos han llegado hasta hoy en día. Gaspar COLL I ROSSELL. *Manuscrits jurídics i il·luminació. Estudis d'alguns còdex dels Usatges i Constitucions de Catalunya i del decret de Gracià. 1300-1350.* Curial Edicions/Publicacions de l'Abadia de Montserrat, 1995.

133   Max TURULL RUBINAT, «Antoni Toldrà...», p. 43-44.

134   AHG Ru 500, reverso de la cubierta principal.

135   ADG, U-62, f. 158v (1374 julio 26).

136   Maria Teresa FERRER I MALLOL; Jaume RIERA SANS. «La successió notarial...», p. 395-428.

137   Francesc Xavier CASADÓ RIBAS, «El llegat testamentari de protocols a la ciutat de Barcelona (segle XV i primer terç del segle XVI)», en *Estudis sobre història de la institució notarial a Catalunya en honor de Raimon Noguera*, Barcelona, Fundació Noguera, 1988, p. 165-184. En Barcelona, por ejemplo, los notarios podían legar sus escrituras en testamento a otro notario de la ciudad. *Ibidem*, p. 178.

estos no aparezcan en ningún momento ni en el testamento ni en los inventarios realizados de los bienes del notario, y sean entregados directamente, en cambio, al nuevo regente de la notaría, Ramon d'Orts, por parte del obispo.

Las exigencias del oficio notarial, ciertamente, no se detenían. En el folio siguiente al del testamento del ya difunto Ponç, se redactó un nuevo instrumento, indicando en la parte superior de este el inicio de una nueva etapa en la escribanía de Rupià: "*Hic incepit regire scribania castri de Rupiano et eius terminorum Raymundii de Ortis, notario; quem dirigat dictus obram Marie, Matris Eius*", seguido de la fecha, el 30 de julio, del nuevo contrato inserido.

Si bien hacía tiempo que Ramon d'Orts, clérigo tonsurado natural de la cercana Cassà de Pelràs, y escribano jurado del notario titular, trabajaba como auxiliar de la escribanía, a partir de este momento lo haría en calidad de regente de la oficina, como sustituto del heredero homónimo del difunto Guillem Ponç, todavía en minoría de edad para ejercer las funciones notariales. Más tarde, Orts también trabajó puntualmente como notario sustituto de Palamós, y entre 1378 y 1382,[138] después de haber contraído matrimonio con Graïda, la viuda de su anterior superior, acabó sus días en la escribanía de Cruïlles.[139]

Después de esta breve regencia de Ramon d'Orts (1374-1376), llegó a la notaría rupianense Francesc Guinard (1376-1388), que también trabajó en sustitución del joven heredero Ponç, a quien no encontramos trabajando en la escribanía de su difunto padre hasta 1387.

En definitiva, el fuerte carácter hereditario de la función notarial es recurrente en la época[140] y en el territorio estudiado, donde se constata la formación de auténticas estirpes de notarios, como los mencionados Ballester en La Bisbal, los Martí en Monells o, con diferencia, los futuros notarios Nató, titulares de la escribanía de Rupià durante doce generaciones, desde el siglo XV hasta 1873. Guillem Ponç II, con todo, seguiría también los pasos marcados por su padre, aunque este fue un camino que, como demuestra su espectacular producción notarial, superó con creces, por lo que bien merece un capítulo aparte.

---

138   AHG Pa 606 (1378 febrero 24 – marzo 29).

139   ACA, Monacals, Sant Miquel de Cruïlles, rotlle 6, perg. 20 (1382 enero 15).

140   José María CRUSELLES GÓMEZ. *Els notaris de la ciutat de València...*, p. 259. Ramon Josep PUCHADES I BATALLER. *Als ulls de Déu, als ulls dels homes: estereotips morals i percepció social d'algunes figures professionals en la societat medieval valenciana*. València: Universitat de València, 1999.

4. LOS PROTOCOLOS NOTARIALES DE RUPIÀ.

Muchos autores han resaltado, a pesar de las pérdidas innegables, la profusión y la extrema riqueza de los fondos notariales gerundenses y ampurdaneses, un excelente campo de análisis, entre otras numerosas cuestiones, para el estudio de la institución notarial en la denominada "Catalunya Vella".[141] Historiadores como Christian Guilleré hace años que insisten en el "carácter intensivo" de la abundante producción notarial de las comarcas de Girona,[142] una producción que se convierte muchas veces en una auténtica marea documental para el historiador.

En el mismo sentido, se ha insinuado que la documentación conservada del llamado districto notarial de La Bisbal d'Empordà constituye, por su amplitud cronológica y por la continuidad de las series de algunas de las escribanías – pese a importantes pérdidas de época medieval – uno de los principales fondos notariales de esta zona de Cataluña.[143] Dentro de este conjunto cabe situar la notaría de Rupià. La intensa actividad notarial desplegada en esta villa – como veremos para el caso de Guillem Ponç – se plasma en la preservación, bastante óptima, de numerosos registros documentales.

En este cuarto apartado de nuestro trabajo analizaremos la situación general de la gran cantidad de volúmenes conservados de esta escribanía, resultado úl-

---

141 Antoni MAYANS I PLUJÀ; Xavier PUIGVERT I GURT. «Les fonts notarials a les comarques gironines. Descripció, conservació i recerca.», en *Documentació notarial i arxius. Els fons notarials com a eina per a la recerca històrica. Jornades celebrades els dies 5 i 6 d'octubre de 2006 a l'Arxiu Històric de Girona*, 2007. Barcelona: Generalitat de Catalunya, p. 11-34.

142 Christian GUILLERÉ; Antony PINTO, «Bailan des recherches...», p. 35-69.

143 Marc AULADELL I AGULLO, et al. *Catàleg dels protocols...*, vol. I, p. 11.

timo de la producción escrita del notario. En concreto, acotando el análisis, se realiza un examen detallado de los cuatro protocolos – dos manuales notariales y dos libros de notas – que corresponden al período trabajado. En este examen exhaustivo de los volúmenes, se detalla su estado de conservación, sus características físicas y sus caracteres externos, como muestra de estudio de la organización notarial y como paso previo para el análisis de la actividad notarial.

4.1. Número de protocolos conservados.

Los protocolos notariales constituyen, en última instancia, uno de los productos resultantes de la intensa actividad notarial desplegada en Rupià en estos años. Aún así, puede que no dispongamos de la totalidad de los manuales y los libros que se confeccionaron en la notaría, y es muy probable que nunca sepamos qué tanto por ciento del total escriturado nos ha llegado hasta hoy.

En efecto, la comarca del Baix Empordà sufre un serio problema de conservación de documentación notarial, a pesar de la multitud de notarías históricas y la riqueza de los fondos conservados. Esta circunstancia es especialmente grave en relación al siglo XIV, sobre todo para los años anteriores al advenimiento de la Peste Negra de 1348.[144] Xavier Soldevila denota como ni una sola de las antiguas notarías medievales del curso bajo del río Ter (el *Baix Ter*) ha conservado las series íntegras de sus registros, y observa que solo de Torroella de Montgrí y, precisamente, de Rupià ha sobrevivido alguna secuencia según él significativa.[145]

De la notaría de Ullastret, por ejemplo, solo contamos con tres protocolos anteriores a 1371,[146] tres más de entre los años 1336 y 1355 para el caso de la escribanía de Sant Sadurní de l'Heura (y no disponemos de ninguno más hasta 1381),[147] y una secuencia más o menos significativa para la de Corçà a partir de

---

144 Sería necesario exceptuar el caso de Sant Feliu de Guíxols, que cuenta con una gran serie de volúmenes notariales conservados a partir de 1300.

145 Xavier SOLDEVILA TEMPORAL, «L'endeutament a la plana del baix Ter als segles XIII i XIV", en *Documentació notarial i arxius. Els fons notarials com a eina per a la recerca històrica. Jornades celebrades els dies 5 i 6 d'octubre de 2006 a l'AHG*. Barcelona: Generalitat de Catalunya, 2007, p. 141-158.

146 AHG Ul 279 [entre 1351 y 1392 aproximadamente]; AHG Ul 44 [1352 diciembre 28 – 1384 enero 21]; AHG Ul 310 [1353 diciembre 28 – 1354 diciembre 10].

147 AHG SSa 110 [1336 agosto 19 – 1346 febrero 1]; AHG SSa 109 [entre 1341 y 1349]; AHG SSa 152 [1354 octubre 15 – 1355 mayo 28].

los años cincuenta de este siglo.[148] Finalmente, de la multitud de ejemplos documentados, es especialmente sugerente y trágico el caso de la notaría de Ullà, de la cual sabemos, gracias a un documento de 1357, de la existencia de almenos tres decenas de protocolos anteriores a éste año, mientras que hoy solo contamos con cuatro volúmenes previos al año 1363.[149]

En cambio, el fondo notarial de Rupià, conservado en su totalidad en la Sección Notarial del Archivo Histórico de Girona (AHG), está constituído por un total de 611 volúmenes que abarcan el período cronológico de 1309, año del primer manual conservado,[150] hasta 1873,[152] cuando murió sin descendencia Benet Nató Sans, el último notario de la villa, y se disolvió la notaría en aplicación de la Ley del Notariado.[151] Para el período de 1309 a 1429, año de la muerte de Guillem Ponç (hijo), disponemos de un total de 154 volúmenes, que se incrementan considerablemente durante la última centuria medieval (véase, más abajo, el cuadro 3).

De hecho, en comparar el grueso documental notarial de Rupià con el de otras escribanías cercanas se constata la relevancia cuantitativa del fondo rupianense. Lugares tan significativos como los puertos de Sant Feliu de Guíxols y Palamós o la villa de Torroella de Montgrí, importantes centros económicos de la zona y de mayor entidad política y demográfica que Rupià, cuentan con 1.176, 701 y 778 volúmenes conservados, respectivamente, para los siglos XIV-XIX. Por su parte, de la notaría de La Bisbal, núcleo principal de los dominios episcopales, se conserva un impresionante fondo de 1.588 protocolos, aunque el balance medieval es trágico, con solo un centenar de volúmenes.[152] De este modo, con sus

---

148 El primer protocolo conservado de la notaría de Corçà data de 1334, y es el único conservado para antes de 1350. AHG Co 379 [1334 octubre 30 – 1335 enero 28].

149 AHG Ru 6 (6). El primer protocolo conservado de Ullà es de 1327-1332 (AHG Ua 262), con serias pérdidas documentales hasta 1363: AHG Ua 263 (1345 enero 2 – 1347 noviembre 7), AHG Ua 264 (1347

noviembre 10 – 1348 julio 23), AHG Ua 230 (1337 abril 3 – 1339 mayo 31).

150 Se trata de un manual de la regencia de Francesc Sanxo, de diciembre de 1309 a 21 de marzo de 1312 (AHG Ru 469). Marc AULADELL I AGULLO, et al. *Catàleg dels protocols…*, vol. II, p. 877.

151 El notario Benet Nató Sans estuvo en activo hasta 1870 y, tras su muerte, se aplicó sobre la notaría de Rupià la Ley del Notariado de 1862, que decretaba su extinción por cese de su último titular. Marc AULADELL I AGULLO, et al. *Catàleg dels protocols…*, vol. II, p. 643. Para una síntesis del contenido de dicha Ley, véase Ignasi J. BAIGES I JARDÍ, «El notariat català…», p. 165-166.

152 Es significativo que de los lugares que formaban parte, a principios del siglo XIV, de la llamada *"bisbalia"* de Girona en la zona bajoampurdanesa, Rupià cuente con el protocolo más antiguo conservado (1309), seguido de la Bisbal (1315), Ullà (1327), Corçà (1334), Sant Sadurní (1336), y también respecto a otras villas cercanas, pero de otras jurisdicciones, como Foixà (1327), Palau-sator (1342), Ullastret (1351), Vulpellac (1356), etc.

611 registros, la escribanía de Rupià se situaría entre los principales conjuntos notariales de las tierras ampurdanesas.[153]

De la actividad notarial en Rupià del notario Guillem Ponç I también conservamos un volúmen documental muy significativo, con la considerable cifra de 26 libros de notas, 5 manuales notariales y 3 cabreos señoriales, para el período de su trabajo en la escribanía entre 1355 y 1374. Además, teniendo en cuenta la dispersión y la falta de unidad de los volúmenes de los anteriores notarios, es importante la disponibilidad de una primera secuencia ininterrumpida a partir de 1355. Con seguridad, Ponç es el primer notario rupianense de quien nos ha llegado la gran mayoría de los protocolos que pudo haber redactado en esta oficina.

En definitiva, como podemos ver, dentro de un contexto general de cierta escasez documental provocada por pérdidas considerables, la escribanía de Rupià se erige como una afortunada excepción. Si bien ha sido calificado, erróniamente a nuestro entender, de "fondo reducido",[154] lo cierto es que la existencia de una cantidad importante de volúmenes notariales desde los primeros años del siglo XIV, a diferencia de otras notarías de la zona, obliga al menos a reconsiderar este tipo de afirmaciones. Con todo, se trata de una serie documental prácticamente completa desde 1355, extensa y amplia – y, a decir verdad, poco estudiada aún –, una situación aparentemente inusual en su contexto geográfico, y que es el reflejo de una actividad notarial teóricamente infrecuente en una pequeña escribanía del mundo rural.[155]

---

153 Los datos se han extraído, también, de Marc AULADELL I AGULLO, et al. *Catàleg dels protocols...*, vol. I, p. 12-13. Ofrecemos los ejemplos de otras escribanías: Ullastret (435 volúmenes), Corçà (404 vol.), Cruïlles (439 vol.), Palafrugell (497 vol.), Calonge (345 vol.), Monells (284 vol.), Palau-sator (288 vol.), Pals (38 vol.), etc. Hacemos notar como, a excepción del fondo notarial conservado para Rupià, villas muy cercanas - y que fueron de ámbito de actuación e incidencia de muchos notarios de la zona - conservan también una cantidad considerable de volúmenes notariales, los cuales podrían ofrecer datos interesantes relacionados con la notaría y el territorio estudiados.

154 Maria Teresa CEBRIÀ I LLISTOSELLA, «La notaria de Rupià...», p. 59. Aún así, la autora es consciente de la importancia del fondo y de las grandes posibilidades de estudio que ofrece una documentación todavía hoy casi inédita.

155 Según Josep Antoni Llibrer, en su estudio sobre la notaría de la villa valenciana de Cocentaina, "els escrivans de viles o petits llocs, atès el seu minvat volum de treball, conformaven un protocol després de diferents anys d'escripturació." Josep Antoni LLIBRER I ESCRIG, «El notari Guillem Peris...», p. 122. Situación que, como vemos, no se cumple en Rupià.

Notario	Manual	Libro	Cabreo señorial	Notario no identificado
Regencia de Francesc Sanxo (1309-1346)	11			2
Regencia de Pere Costa (1344- 1351)	4			
Regencia de notario no identificado (1351-1428)			1	x
Regencia de notario no identificado (1352-1353)	1			x
Regencia de Guillem de Costa (1353-1362)	4			
Regencia de Guillem Pons I (1355-1374)	5	26	2	1
Regencia de Ramon d'Orts (1373-1376)	2	3	1	
Regencia de Francesc Guinard (1376-1388)	8	14	3	
Regencia de Guillem Pons II (1388-1429)	37	29		
TOTAL VOLÚMENES: 154				

Cuadro 3. *Protocolos conservados de la notaría de Rupià (1309-1429).*

4.2. CARACTERÍSTICAS EXTERNAS.

Los protocolos notariales que nos han llegado hasta hoy tienen su propia historia, la cual ha determinado, con mayor o menor fortuna, su pervivencia íntegra o su estado actual de conservación. A pesar de que no es el objetivo de este trabajo analizar con exhaustivo detalle las características físicas del total de volúmenes notariales de Rupià, sí que detallaremos algunos aspectos que creemos que son relevantes para el estudio de la actividad de los notarios de esta villa. De este modo, el formato de los protocolos, la disposición y el tratamiento de las cubiertas, así como el análisis de los materiales utilizados para la confección de los libros por parte del notario, constituyen unos elementos imprescindibles para adentrarnos en el complejo sistema organizativo de la notaría.

4.2.1. Estado de conservación.

Rupià, con sus centenares de volúmenes conservados, es una clara excepción, como hemos visto, dentro del contexto de escasez documental de las notarías históricas del Baix Empordà. Sin embargo, aunque aparentemente los efectos del tiempo parece que hayan sido más benévolos con el fondo rupianense, y que este se halla en un nivel más o menos aceptable y casi íntegro,[156] no deja de ser cierto que sus protocolos también reflejan a menudo ciertas deficiencias. Los primeros volúmenes conservados, de inicios del siglo XIV, tienen una conservación regular, incluso deficiente en algunos casos concretos. A medida que avanzamos en la centuria, y ya en pleno siglo XV, el estado de los protocolos mejora considerablemente.

Respecto al período de regencia de Guillem Ponç I (1355-1374), a pesar de la disponibilidad de una secuencia documental prácticamente completa (recordemos, formada por 26 libros, 5 manuales y 3 cabreos), la mayoría de los volúmenes presentan un estado de conservación más o menos regular, según las directrices del Archivo Histórico de Girona. Cabe decir, no obstante, que en muy pocas ocasiones esto impide una lectura correcta. 13 de los libros y 3 manuales notariales conservados de este fedatario padecen algunas irregularidades, derivadas sobre todo de los efectos de la humedad y de los roedores. Algún volumen, como el de 1366, está especialmente alterado por estos desperfectos, los cuales le han producido manchas de hongos, además de galerías fruto de la acción de los insectos.[157] La falta de las cubiertas en algunos de ellos podría haber acelerado el proceso de degradación. En estos ejemplares, precisamente, el nivel de conservación de los primeros folios impide establecer la fecha de los primeros instrumentos. Únicamente 5 casos, sin embargo, presentan un estado deficiente: en uno de ellos se indica especialmente precaución al investigador,[158] mientras que otros dos originales se encuentran excluidos de consulta.[159] 1365 es el único año para el cual no contamos con ningún volumen notarial conservado, a pesar de que sabemos que existió a través de referencias indirectas.[160]

Respecto a los cuatro volúmenes seleccionados y analizados en profundidad en este estudio, correspondientes al período de 1371-1372, observamos unas características físicas similares al del resto de la serie, presentando ciertas irregularidades y desperfectos dentro de un nivel más o menos óptimo de conservación,

---

156   Maria Teresa CEBRIÀ I LLISTOSELLA, «La notaria de Rupià...», p. 59.

157   AHG Ru 485 (1366, enero 11 – septiembre 14). Marc AULADELL I AGULLO, et al. *Catàleg dels protocols...*, vol. II, p. 882.

158   AHG Ru 14 (1362 septiembre 13 – octubre 21). *Ibidem*, p. 881.

159   AHG Ru 9 (1358 agosto 15 – 1359 marzo 12). *Ibidem*, p. 881; AHG Ru 16 (1363 diciembre 26 – 1364
diciembre 23). *Ibidem*, p. 882.

160   Referencia a un instrumento redactado el 19 de febrer de 1365. AHG Ru 496, f. 14r.

que no dificulta nunca la comprensión de la escritura de los documentos. Los dos libros de notas sufren daños en los primeros folios, uno por falta de su cubierta original, el otro por la acción de los insectos.[161] El segundo libro, por su parte, tiene la parte superior de los primeros 33 folios agujereada, aunque las dimensiones de este desperfecto van disminuyendo progresivamente a lo largo de los folios. Como contrapartida, los manuales no sufren efectos significativos del paso del tiempo, si bien se han desligado algunos folios, que se conservan sueltos a parte.

4.2.2. Formato.

El formato general de los volúmenes estudiados es en folio, medida ampliamente extendida en tierras catalanas desde el siglo XIII, por analogía de la península itàlica.[162]

Los dos manuales tienen una extensión de 113 y 102 folios, para un período temporal de unos ocho meses y un año, respectivamente, mientras que los libros, para un arco cronológico de unos seis y nueve meses, estan constituidos por un total de 204 y 208 folios. A pesar del mayor grosor de los libros, a raíz sobre todo de la redacción *in extenso* de los asientos, el resto de las medidas de ambos tipos de protocolo son más o menos homogéneas (de 230x300x60 milímetros en los libros de notas, y de 230x310x30 mm. en los manuales).

A pesar de estas similitudes físicas, algunas de las páginas del primer manual tienen unas dimensiones inferiores al resto (entre 2 y 3 centímetros menos). Seguramente, el carácter manejable de este tipo de protocolo y la rapidez de escritura de los asientos insertos en él - redactados al momento, puede que muchas veces sobre el terreno, a manera de borrador, con notas muy abreviadas - hacía que se acabasen formando a partir de la inserción de folios a veces de diferentes medidas. En cambio, los libros de notas, aunque tampoco sean mucho más que un segundo borrador *in extenso*, más redactado, del instrumento notarial, constituían el resultado de un proceso de escrituración más pausado y deliberado, en la misma notaría, donde el notario contaba con los materiales adecuados y la tranquilidad y el tiempo necesarios para su confección.

4.2.3. Los materiales.

Para el ejercicio y el desarrollo de su profesión, el notario se servía de todo un conjunto de materiales indispensables, como el papel, la tinta o el pergamino

---

161   AHG Ru 495 (1371 julio 25 – 1372 febrero 12); AHG Ru 496 (1372 febrero 12 – noviembre 8).
162   Daniel PIÑOL ALABART. *El notariat públic...*, p. 212.

para la elaboración de algunos instrumentos públicos originales o la confección de las cubiertas. Aún así, a partir del siglo XIII el papel se había ido convirtiendo en el soporte principal para la escritura, y es omnipresente en la constitución de los protocolos notariales. Podemos hacernos una idea de la gran cantidad de papel utilizado en las notarías atendiendo a los volúmenes que nos han llegado hasta hoy, número muy considerable, como hemos tenido ocasión de ver, para el caso de Rupià.[163] Sin embargo, los protocolos analizados no nos aportan datos relativos a los gastos para la adquisición de estos materiales por parte del profesional de la escritura, informaciones a veces incluídas en los últimos folios, donse se asientan las cuentas personales del notario.

El papel de los protocolos de Rupià analizados es fino al tacto, y, normalmente, de buena propiedad. Como es habitual en otros libros catalanes en formato folio del siglo XIV, en el centro de algunos de sus folios aparecen diferentes tipos de filigranas, que representan el símbolo distintivo del fabricante papelero y, en cierta medida, notifican la calidad del material. Entre los folios estudiados documentamos formas diversas, la mayoría de procedencia italiana, según Briquet, como por ejemplo un cuerno,[164] una flecha,[165] un hacha,[166] un monte con una cruz,[167] un arco con flecha,[168] entre otras de difícil identificación, que hemos intentado representar en el cuadro 4. Estas se encuentran en diferente posición atendiendo a la disposición del folio por parte del notario a la hora de redactar el documento, y de su posterior encuadernación para formar el protocolo. Cabe señalar que estos signos son especialmente visibles en aquellos folios donde, por cualquier motivo, no se acabó de inserir el asiento completamente.

Un análisis pormenorizado y comparativo más extenso de estos elementos en la zona de estudio podría ofrecernos, entre otras cuestiones, un abanico de productores con mercado en este territorio, además de entrever diferencias de calidad según la marca y las tendencias, los gustos y las posibles preferencias de los consumidores, profesionales de la escritura, para con determinados materiales. De hecho, la alternancia de estos elementos entre los folios de Guillem Ponç no esconde una preeminencia y una clara predilección del notario en estos años por algunos de ellos. En efecto, parece existir una cierta preparación organizativa en

---

163 *Ibidem,* p. 214-215.

164 AHG Ru 495, f. 12r, 17r, 17v, 18r, 18v., etc.

165 AHG Ru 496, f. 37r.

166 *Ibidem,* f. 40v.

167 AHG Ru 493, f. 2v.

168 *Ibidem,* f. 70v.

la compilación de los volúmenes, la mayoría de los cuales son confeccionados a partir de un tipo concreto de papel mayoritario, bastante uniforme en cuanto a características formales. Así, por ejemplo, los cuadernos del primer libro estudiado podrían haber sido adquiridos por el notario en un único lote, como era habitural entre los escribanos. Los otros protocolos también manifiestan una cierta unidad respecto una forma dominante (el hacha, en el caso del segundo libro), si bien resultan de una combinación más frecuente de estos símbolos y, por lo tanto, de diferentes tipos de material.

Número	Signatura y correspondencia aproximada con BRIQUET	Tipología	Filigrana
1	Libro AHG Ru 495, f. 12r. BRIQUET, vol. II, nº 7.674 (Italia)	Cuerno	
2	Libro AHG Ru 496, f. 40v. BRIQUET, vol. II, nº 7.514	Hacha	
3	Manual AHG Ru 493, f. 2v. BRIQUET, vol. III, nº 11.716	Monte con cruz	
4	Manual AHG Ru 493, f. 70v. BRIQUET, vol. I, nº 779-780	Arco y flecha	

Cuadro 4. *Algunos tipos de filigranas en los protocolos estudiados.*

Respecto al ejercicio manual de la escritura, el notario utilizaba varios tipos de plumas, bañadas en distintas tintas. La coloración de estas últimas no es en absoluta homogénea, aunque predominan las tonalidades oscuras y marronosas, a menudo de color sepia. Entre los objetos presentes en el inventario de la notaría de Ponç, en 1374, justamente se encuentran dos tinteros de plomo, los únicos elementos referidos a la tarea y práctica del escribano. Probablemente, en el momento de su muerte el resto de materiales ya hubieran sido cedidos al nuevo regente de la notaría.

4.2.4. Las cubiertas.

Una vez que el notario lo consideraba oportuno, los distintos cuadernos de folios que contenían los instrumentos notariales eren encuadernados, formando un protocolo que era rematado con una cubierta de pergamino.[169] Aunque es difícil de precisar, parece que Guillem Ponç llevaba a cabo este proceso cuando el volumen era suficientemente consistente y voluminoso. Dependiendo del año, estos oscilan entre los 130 y los 150 folios de media, aunque muchos de ellos sobrepasan fácilmente los 200. Por ello, no parece haber existido una cronología fija preestablecida (de carácter anual, semestral o trimestral) para ejecutar esta tarea, aunque estos volúmenes resultan de un período aproximado de seis meses de trabajo notarial para el caso de los libros y de unos doce para el caso de los manuales.

Para la confección de las cubiertas se reutilizaban muchas veces pergaminos recortados, que contenían documentos cancelados o inservibles, que habían perdido su valor inicial por antigüedad o por otros motivos (códices, libros de canto, textos bíblicos y hebreos, etc.).[170] En la notaría de Rupià, parece que lo normal era la encuadernación de los volúmenes en pergamino, la mayor parte de las veces con documentos reutilizados que, sin haber sido en su día concebidos para ello, cobraban así un nuevo uso.

Al no haber sido normalmente clausurados, el notario reaprovechaba estos documentos sin validez jurídica, de caracter accesible en la misma notaría, para la confección de los nuevos protocolos. Eran atractivos y útiles por su mayor consistencia y, también y no menos importante, eran gratuitos. Así, por ejemplo, para la confección de la cubierta del manual de 1350-1351, Guillem Ponç se sirvió de un pergamino original, sin entregar, redactado por él mismo ese mismo

---

169 Josep Maria PONS I GURI , «Llibres notarials catalans», *Rubrica* IV (1990), p. 334-336.

170 Daniel PIÑOL ALABART. *El notariat públic...*, p. 220.

año como notario de La Bisbal, en el cual podemos observar el *signum* notarial propio.[171] De la misma manera, el pergamino que cubre el manual de 1372 está datado el 22 de abril de 1368 en la notaría de Rupià.[172]

Además, para una mayor consolidación y firmeza de estas cubiertas de pergamino, muchas de ellas son reforzadas con maculaturas que contienen documentos de papel, encolados a menudo con algún tipo de pegamento vegetal. Estos papeles sueltos suelen esconder toda clase de escrituras de diversa índole, desde numerosos fragmentos en latín o en hebreo de diversa procedencia, como era usual en la época,[173] hasta, de forma harto frecuente, toda clase de anotaciones esparsas que habrían dejado de tener utilidad en la notaría, como por ejemplo las derivadas de la contabilidad notarial.

Por lo que respecta a las portadas de los cuatro volúmenes analizados, estas manifiestan una adecuada conservación y comparten algunos aspectos en relación con sus características físicas. Casi todos los protocolos mantienen su cubierta original, la mayoría pergaminos reutilizados de la propia notaría de Rupià o de La Bisbal. Solo el primer libro de notas ha perdido de forma irremediable su cubierta principal, con lo que se inicia directamente en el primer folio, donde se redactaron las primeras palabras de un testamento no redactado.[174] Los efectos del tiempo han hecho mella en algunas de las cubiertas, que se encuentran en estado regular, sobre todo en sus extremos y en las ligaduras del lomo, quedando especialmente afectados, por lo tanto, los folios inmediatamente siguientes, muchos de los cuales se encuentran dañados.

El cuerpo central de las cubiertas exteriores también presenta similitudes entre los volúmenes. Observamos diversas inscripciones de distintas épocas, sobre todo de la Edad Moderna. La mayoría pueden ser simples pruebas o ensayos caligráficos de pluma o tintas, pero también aparecen anotaciones puede que mnemotécnicas realizadas a raíz de la consulta posterior de los protocolos, en busca de instrumentos concretos insertos en su interior para esclarecer dudas o tramitar copias o traslados solicitados.

---

171   AHG Ru 476 (1350 agosto 9 – 1351 septiembre 7).

172   AHG Ru 497 (1371 diciembre 27 – 1372 diciembre 6).

173   Josep Maria PONS I GURI, «Un fragment de còdex esdevingut coberta de manual notarial», *EHDAP*, XIII (1995), p. 47-53.

174   AHG Ru 495, f. 1r. Probablemente, por haber ejercido las funciones de cubierta durante largo tiempo, se encuentra en mal estado en sus márgenes. No sabemos, además, si este constituiría el primer folio original, o si la pérdida de la portada ocasionó también la de algunas páginas iniciales más.

Es curioso como en muchas de las cubiertas del tiempo de Ponç aparecen las palabras en catalán *"cercat"* o *"és cercat"*, para indicar que se había ya consultado el volúmen en cuestión, en un intento de hallazgo de cierto documento cuya cronología exacta debían desconocer. En la cubierta posterior del primer manual con las mismas letras modernas se indica, más generosamente, que *"és cercat és [sic] lo tastament de la [...] Beatriu de Finestres, de Ultramort"*.[175] ¿Sería este el testamento que buscaban? Fuere como fuere, constituye este un hecho más que nos habla de la imparable actividad de esta escribanía durante siglos y de la naturaleza transtemporal de los protocolos notariales, frecuentemente en uso.

Además de estas interesantes anotaciones, en las cubiertas también encontramos otras numerosas inscripciones indescifrables por el paso del tiempo y por su extrema abreviación. Por otro lado, si bien era de uso corriente insertar el año en la portada del volumen,[176] en nuestro cuádruple objeto de estudio la referencia cronológica solo se deja intuir en el caso de las portadas de los manuales. En el primero, exactamente dentro de un cuadrado en la parte superior, donde puede leerse *"Anno [a Nativitate Domini] M CCC LXX primo"*. Por otro lado, lo habitual es encontrar esta información contenida dentro del mismo protocolo, en el primer folio o con la entrada de un nuevo año, como se ha dicho.

Respecto a la parte interna de la cubierta, la inexistencia de espacio disponible en el pergamino reutilizado impide todo tipo de anotación, algo que sí es frecuente en los volúmenes confeccionados con este material sin escriturar. En cambio, en el reverso de la cubierta posterior del primer libro, se incluyen las cuentas personales del notario – con referencia al precio de cinco *mitgeres* de cebada, por ejemplo – y los propios de la notaría – con algunas menciones al precio de las tipologías de instrumentos que se contienen dentro del protocolo. La misma naturaleza de la fuente, con unas anotaciones extremadamente abreviadas, y el mal estado de conservación del papel que refuerza esta portada, impiden una lectura clara y dificultan una correcta transcripción.

Finalmente, este carácter patrimonial de los protocolos notariales se refleja también en la inserción en el reverso de las cubiertas de otros volúmenes de hechos anecdóticos, pero de vital importancia para la vida del escribano y la notaría, como el nacimiento de sus hijos[177] o la muerte de Guillem Ponç y el consecuente inicio de la regencia de Ramon d'Orts:

---

175   De hecho, este testamento se encuentra en el asiento del 19 de agosto del dicho manual (AHG Ru 493, f. 54v).

176   Daniel PIÑOL ALABART. *El notariat públic...*, p. 222.

177   AHG Ru 490 (cubierta posterior).

"Divendres a XIX de juliol de l'any de Nostra Senyor M CCC LXXIIII, a hora de completa, passà d'esta vida en G. Pons, notari del castell de Rupià.

E puys, lo dimarts següent, a XXIII del dit mes de juliol de l'any de LXXIIII fo creat notari del dit castell e termens d'equell, en Ramon d'Orts, per mosenyor en Bertran per la gràcia de Déu bisbe de Girona."[178]

4.3. CARACTERÍSTICAS INTERNAS DE LOS PROTOCOLOS NOTARIALES.

Más allá del análisis de las características físicas externas de los protocolos estudiados, distintos elementos internos nos aportan informaciones de gran relevancia para el estudio de la actividad notarial en Rupià. En este sentido, algunas de las anotaciones del propio notario localizadas tanto en los manuales como en los libros, a menudo en forma de abreviaturas utilizadas como «código personal» del escribano,[179] son interesantes para el examen del funcionamiento, la organización y el regimiento de la escribanía.

4.3.1. Caja de escritura y márgenes.

Al menos para la notaría de Rupià, se hace difícil de precisar si existía verdaderamente un canon determinado para la estructuración consciente de la escritura en el folio. Aparentemente, parece prevalecer la voluntad de dejar un espacio de unos 2 o 3 centímetros en el margen izquierdo de la página, no solo para facilitar la correcta visualización de cada asiento redactado, sino también de cara a su utilización posterior para la anotación de toda clase de signos o indicadores del proceso de redacción del instrumento o de su tasa correspondiente.

Aun así, no debía tratarse de una cuestión en absoluto rígida, y en algunas escrituras se aprovecha al máximo el espacio, sin respetar ningún tipo de margen. Muy probablemente, esta práctica obedecería al quehacer estrictamente personal de cada escribano o a situaciones particulares de cada instrumento, como por ejemplo la necesidad de un mayor espacio.

---

178   AHG Ru 500 (cubierta principal).

179   Expresión utilizada por Armando PETRUCCI, "Minuta, autógrafo, libro de autor", en *Alfabetismo, escritura, sociedad*. Barcelona: Gedisa, 1999, p. 73-91.

4.3.2. La escritura.

Diversos autores han destacado el importante papel de los notarios en el desarrollo y la difusión de la escritura en el Occidente medieval, y en el prestigio social que adquirieron estos, justamente por este hecho, en una sociedad generalmente analfabeta.[180] Un dominio de las letras que, además, podía convertir automáticamente los acuerdos entre particulares en motivo de fuerza legal, beneficiando o condenando a cualquiera a golpe de pluma.[181]

Para el período que estudiamos, la escritura dominante en Cataluña es la gótica catalana de tipo notular, caracterizada sobre todo por su cursivización.[182] Sin embargo, en este tramo final del siglo XIV se produce una importante transición gráfica, todavía mal definida y poco estudiada en Cataluña. Nos referimos a la aparición y definición de la letra bastarda, a raíz de la irrupción desde Francia de nuevos modelos góticos y, también, de la propia evolución gráfica de la gótica autóctona.[183] Los protocolos estudiados de Rupià de 1371-1372 se encuadran, en este sentido, en el contexto gráfico de las tierras gerundenses[184] y de la Corona de Aragón,[185] y manifiestan carácteres cursivos marcadamente góticos (como, por ejemplo, las mayúsculas góticas en los cambios de año), mezclados con trazos típicos de la bastarda, como las astas inferiores más delgadas y puntiagudas, que acaban formando una letra un tanto irregular.

Respecto a las abreviaturas, estas abundan notablemente en los protocolos notariales analizados. El carácter de borrador de estos, como una primera redacción de los instrumentos que se han de confeccionar en forma pública, no obliga al desarrollo de muchas palabras y cláusulas jurídicas, reducidas a veces a simples siglas

---

180   Daniel PIÑOL ALABART, *El notariat públic...*, p. 214.

181   José María CRUSELLES GÓMEZ. *Els notaris de la ciutat de València...*, p. 159.

182   Maria Josepa ARNALL I JUAN; Josep Maria PONS I GURI. *L'escriptura...*, vol. I, p. 240-260. Daniel PIÑOL ALABART, «Notaris i cultura escrita al Camp de Tarragona: l'escriptura gòtica en els manuals notarials (segles XIII-XIV)», *Acta Historica et Archaeologica Mediaevalia*, 25 (2003-2004), p. 655-673.

183   Para el debate sobre la cronología y los motivos de su irrupción en tierras catalanas véase, principalmente, Antoni M. ARAGÓ, "La escribanía de Juan I", en *VIII Congreso de Historia de la Corona de Aragón*, II-2 (València, 1970), p. 269-293; Luisa D'ARIENZO, «Alcune considerazioni sul passagio della scrittura gotica all'Umanistica nella produzione documentaria catalana dei secoli XIV-XV», en *Studi di Paleografia e Diplomática* (Padua, 1974), p. 199-226; Francesco Cesare CASULA. *Breve storia della scrittura in Sardegna. La "documentaria" nell'epoca aragonesa.* Cagliari, 1978, p. 98; Francisco M. GIMENO BLAY. *La escritura gótica en el País Valenciano después de la conquista del siglo XIII.* València: Universitat de València, 1985, p. 505-506.

184   Maria Josepa ARNALL I JUAN; Josep Maria PONS I GURI. *L'escriptura...*, p. 34-38.

185   Francisco M. GIMENO BLAY. *La escritura gótica...*, op. cit.*

o, senzillamente, etceteradas. En este sentido, se utiliza de forma correcta el sistema abreviativo imperante en la época, destacando en especial las abreviaturas por suspensión. Aun así, es posible que no existiera una regla fija en esta cuestión, más allá del propio criterio individual del amanuense que ha de redactar laboriosamene un gran número de documentos.[186] El uso del sistema abreviativo, de este modo, obedece también al perfecto conocimiento del escribano de las fórmulas y vocablos jurídico- legales específicos que se han de desarrollar.[187]

Con todo, la presencia a menudo alternada de diferentes manos en el proceso de redacción de los protocolos complica el estudio paleográfico. Algunas veces, esta presencia doble se produce incluso en el mismo instrumento, compartiendo su escrituración con el uso de plumas y tintas a menudo también distintas. Al menos, podríamos documentar la intervención de dos escribanos, en correspondencia con las manos del notario Guillem Ponç y la de su escribano jurado, Ramon d'Orts, quien aparece constantemente en el apartado de testimonios. Por otro lado, es muy probable la actuación de algún tipo de ayudante, cuya menor experiencia podría haber causado algunas veces inconvenientes y perjuicios a los clientes. Alrededor de 1356, una tal Elisenda se quejaba al notario de no haber recibido aún el documento en forma pública, y de haber sido este redactado por Francesc Molins, "qui nullam auctoritatem habuit".[188]

De manera general, resulta difícil identificar la mano del escribano, aunque es clara su diferenciación a través de la escritura. Si bien algunos instrumentos presentan formas más cursivas, otros se desarrollan con letras más redondeadas, facilitando su lectura. Es probable que el notario, Guillem Ponç, se mantuviera en los cánones típicos de la tradición gótica, dentro de la cual se habría formado, mientras que un más joven Ramon d'Orts, escribano jurado, estuviera más abierto a la recepción de los nuevos corrientes gráficos que llegaban al país.

4.3.3. Notas para el funcionamiento de la notaría.

Las Cortes de Perpiñán de 1351 - que obligarían a los notarios a redactar íntegramente en un libro todos los contratos - supusieron, entre otras cuestiones, la

---

186 Josep Maria PONS I GURI, «Característiques paleogràfiques dels llibres notarials catalans fins el 1351», en *Recull d'estudis d'història jurídica catalana*. Barcelona: Fundació Noguera, Textos i Documents, 1989, vol. I, p. 195.

187 Daniel PIÑOL ALABART, «Abreviaturas notariales en el "Camp de Tarragona" en la Baja Edad Media», *Butlletí Arqueològic, Reial Societat Arqueològica Tarraconense*, 19-20 (1997-1998), p. 257-270.

188 AHG Ru 6 (10).

aparición en las escribanías del denominado sistema del doble registro, formado por los manuales y los libros de notas.[189] En la notaría de Rupià parece que se cumplió esta disposición emanada de la corona a partir de 1355, año de inicio de la regencia de Guillem Ponç, cuando se dejaron de compilar, como hasta entonces, manuales notariales, y se redactó el primer libro conservado.[190] Aun así, sería preciso realizar un estudio más exhaustivo sobre el proceso de reorganización notarial en estas tierras surgido de las constituciones dictaminadas en estas Cortes.

La escrituración no abreviada de los documentos en este protocolo, muy probablemente, hacía perder significancia y valor a los antiguos manuales notariales. Estos últimos, para el caso que estudiamos, o bien se han perdido o bien, en optar por inserir en los primeros años las notas íntegras en los libros, no se confeccionaron entre 1355 y 1366. De hecho, solo conservamos cinco manuales de Guillem Ponç, el primero de ellos para el año 1366 y los cuatro restantes para el período final de su regencia (1369-70, 1371- 72, 1371-72, 1373-75), hecho que puede indicar una mayor actividad en la notaría en estos años - con una necesariamente mayor organización notarial - o, más plausiblemente, la tarea compartida de almenos dos escribanos, el notario y Ramon d'Orts, que hacía posible una labor más eficaz. Nos fijaremos especialmente en este último período, a través del estudio comparado de los dos manuales notariales y los libros de notas que les corresponden en fechas. De hecho, como era habitual en la época,[191] los dos tipos de protocolo siguen un órden cronológico más o menos similar, y es fácil localizar e identificar los instrumentos correspondientes en ambos volúmenes, objetivo principal del uso de este sistema.

Las diferentes fases del complejo proceso de redacción del instrumento notarial han sido brillantemente estudiadas por anteriores investigadores, como por ejemplo Maria Teresa Ferrer i Mallol,[192] Josep Maria Pons i Guri[193] o Ignasi J. Baiges i Jardí.[194] Para nuestro estudio, sin embargo, únicamente nos interesa analizar cómo estas distintas fases de la escrituración de los contratos se reflejaban, a la práctica, en el interior de los protocolos estudiados a través de la inser-

---

189   Ignasi J. BAIGES I JARDÍ, «El notariat català...», p. 155.

190   AHG Ru 480 [1355 diciembre 15 – 1356 septiembre 30].

191   Maria Teresa FERRER I MALLOL, «La redacció de l'instrument...», p. 65.

192   *Ibidem*, p. 29-211.

193   Entre una extensísima bibliografía véase, por ejemplo, Josep Maria PONS I GURI, «Llibres notarials catalans», p. 97-109.

194   Ignasi BAIGES I JARDÍ, «El notariat català...», p. 136-137, donde el autor realiza una breve síntesis de las diferentes interpretaciones de los especialistas en la mecánica seguida para el proceso de redacción del documento.

ción de signos y abreviaturas, generalmente aprovechando el espacio habilitado en los márgenes.[195] Estos elementos, casi crípticos en algunos casos, constituyen los principales indicadores de la organización de la actividad notarial y son una muestra clara del funcionamiento cotidiano de la escribanía.

Así pues, en un primer momento, después de la *rogatio* de los clientes - seguramente, muchas veces de forma oral -, el notario procedía a redactar un primer borrador del contrato en una cédula. Algunas de estas se han conservado entre los folios del protocolo, o son mencionadas en los propios asientos.[196] De esta manera, para algunos instrumentos conservamos la secuencia prácticamente completa del proceso de redacción: cédula, manual y libro.

Seguidamente, se producía la lectura de la cédula ante los interesados y, a continuación, llegaba el momento más importante, el de la firma o juramento de los participantes en presencia de testimonios.[197] A pesar de la relevancia de este acto, mediante el cual se indicaba que las partes habían dado su consentimiento, las más de las veces Guillem Ponç no parece indicar dicha firma.[198] Aún así, algunas pocas veces,[199] la firma se señala por medio de tres pequeñas rayas en diagonal encima del apellido de los otorgantes, una forma similar a la aplicada en otros lugares, como Barcelona o Tarragona.[200] A veces, el notario había de desplazarse en busca de la firma de los clientes ausentes en el momento de la lectura del contrato, muchos de los cuales, como se indica, juraban días e incluso algunos meses después.[201] En alguna ocasión, se anotó encima del nombre del cliente, en este caso Brunissenda, que esta no había firmado (*non firmavit*) el documento.[202]

Confirmado el contrato, el borrador del nuevo instrumento era introducido por el notario o su escribano en el libro de notas, a partir de la redacción íntegra

---

195   Seguimos para ello el estudio realizado por Daniel Piñol para el Camp de Tarragona. Daniel PIÑOL ALABART. *El notariat públic...*, p. 232.

196   AHG Ru 493, f. 109r. "*In cedula*".

197   Maria Teresa FERRER I MALLOL, «La redacció de l'instrument...», p. 30-48. En el debate entre los historiadores entre *ferma* i *firma*, seguimos la terminología utilizada por Ferrer i Mallol, una de las grandes especialistas en los estudios sobre el documento notarial catalán.

198   Somos de la opinión que la abreviatura *f.* marginal indica la tramitación del documento a los clientes, y no la *ferma*, como afirman otros autores. Maria Josepa ARNALL I JUAN; Josep Maria PONS I GURI. *L'escriptura...*, vol I., p. 24.

199   Por ejemplo, en AHG Ru 495, f. 24r.

200   Maria Teresa FERRER I MALLOL, «La redacció de l'instrument...», p. 44. Daniel PIÑOL ALABART. *El notariat públic...*, p. 232.

201   AHG Ru 497, f. 57v.

202   *Ibidem*, f. 87r.

– en *largo modo* –[203] de la minuta del manual, la cual, a su vez, era tachada con dos rayas cruzadas en forma de aspa. En caso contrario, cuando no encontramos estas líneas en los asientos del manual, el instrumento no aparece en el libro, o bien, más frecuentemente, solo aparece la cabecera principal, seguida de un largo espacio en blanco, en teoría para su posterior escrituración. De hecho, tanto en los márgenes de muchos asientos como en la parte final del folio, se localizan anotaciones abreviadas introducidas por el notario previamente a la redacción del instrumento y que le servían como indicadores de las ideas principales del contrato, unos datos necesarios para su redacción en el libro (otorgantes, día, lugar, testimonios, precio).[204]

La consulta obligada de los protocolos por parte del notario era imprescindible para el correcto funcionamiento de la escribanía. En los márgenes de algunas notas del libro, escrituradas estas o no, se puede leer la indicación *"vidit in manuali"*, de cuya consulta se obtendría la información necesaria para la redacción del contrato en extenso.[205] En el manual, estas notas tienen una naturaleza de absoluto borrador, extremadamente abreviadas en casos como las ápocas de satisfacción de pagos, en las que a menudo solo se indicaba su existencia por medio de la palabra *"apocha"*, justo a continuación del contrato principal que las generaba.

Esta doble utilización práctica por parte de Guillem Ponç de los volúmenes de su trabajo se refleja claramente en algunos instrumentos. En un caso concreto, en el libro se indica que se ha de anotar un instrumento, puede que todavía no escriturado, que se encuentra 21 folios atrás, en el mismo volumen, indicando sus primeras palabras de cara a su más fácil localización.[206]

Sin embargo, a menudo la desidia de algunos notarios y el volumen de trabajo de la notaría provocaban que, si bien el manual se llevaba más o menos al día, la extensión completa de los instrumentos en el libro fuera acumulando siempre retrasos, a pesar de las disposiciones reales para frenar esta práctica.[207]

---

203 *Ibidem*, f. 36v.

204 AHG Ru 496, f. 118r.-118v.

205 *Ibidem*, f. 190v-191r.; f. 193v.-194r.

206 AHG Ru 495, f. 95r. «*Hic debebat notari quaddam instrumentum quod est notatum retro in XXI folia, quod sic incipit: "Noverint universi quod ego, Brunissendis, uxori Petri Bonifilii, quondam, parrochie Sancte Eulalie de Ultramorte..."*». En efecto, el documento al cual se refiere se encuentra en el mismo libro, en el folio 73r.

207 Josep Maria PONS I GURI, «Algunes orientacions per a la utilització dels fons de seccions històriques en districtes notarials», en *Recull d'estudis d'història jurídica catalana*. Barcelona, Fundació Noguera, Textos i Documents, 1989, volum I, p. 165-166; Maria Teresa FERRER I MALLOL, «La redacció de l'instrument...», p. 61.

Esta circunstancia, en el caso de la notaría de Rupià, se da con especial frecuencia en la redacción de la mayoría de inventarios de bienes y en muchos de los testamentos, los cuales, al ser copiados íntegramente y con suficiente concisión en el manual - puede que según el criterio del notario -, y, probablemente dada su larga extensión, finalmente no se acabaron redactando en el libro.[208] En una ocasión, en el manual, incluso se indica en el margen de un asiento que, pese haber sido tramitado ya en forma pública, este no se encontraba en el libro de notas (*est in formam publicam, non in libro*),[209] aunque finalmente acabó siendo anotado después.[210] Aun así, a excepción de casos muy concretos, cabe decir que en esos años Guillem Ponç redactaba en el libro de notas la mayor parte de los contratos solicitados en la escribanía, como se observa en el siguiente gráfico, cumpliendo más o menos correctamente el sistema del doble registro.

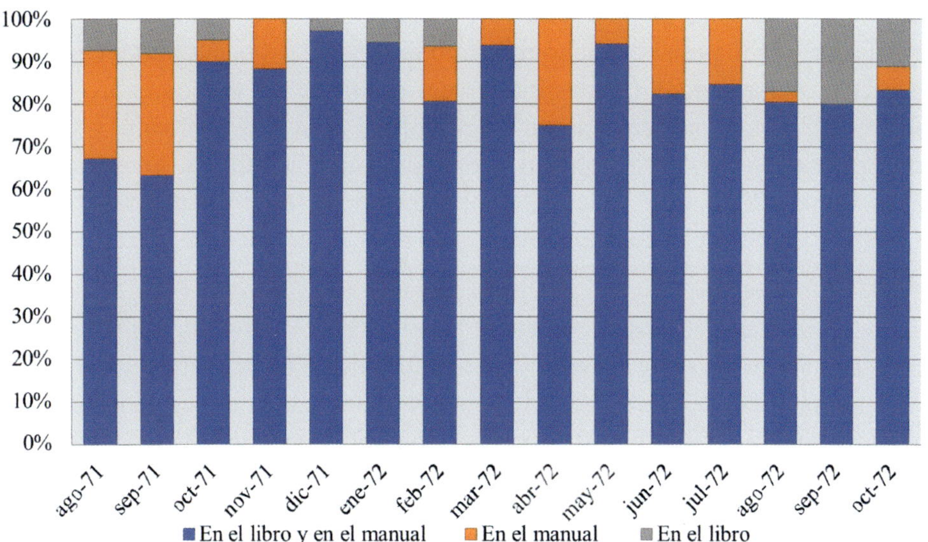

Gráfico 1. *Número de contratos redactados en los protocolos notariales (1371-1372)*

Finalmente, la entrega del documento original a los clientes, si fuera el caso, se indicaba en el libro o en el manual por medio de una serie de signos que ayudaban al notario a controlar la salida de escrituras de la notaría, y que solían mantener unas características similares en todos los lugares.[211] En Rupià, esta ac-

---

208   AHG Ru 493, f. 54v; AHG Ru 495, f. 34r.

209   AHG Ru 497, f. 34v.

210   AHG Ru 496, f. 40r-40v.

211   Daniel PIÑOL ALABART. *El notariat públic...*, p. 232.

ción se expresaba en los libros – aunque en alguna ocasión también en el manual – generalmente a través de una raya en diagonal, desde la parte superior derecha a la parte inferior izquierda – y en algunos pocos casos, en vertical – que cruzaba todo el documento.[212]

Con menos frecuencia se localizan, en estos años, las múltiples siglas derivadas del concepto de *carta tradita*, como es habitual en otras escribanías en épocas predecentes,[213] si bien en algún caso se explica en la parte inferior del asiento que este se ha expedido a los interesados o que se ha hecho un traslado.[214] Solo en una ocasión (aunque en otro protocolo de Ponç), como hemos visto más arriba, el cliente se quejaba al notario, mediante una carta, de no haberse efectuado correctamente la entrega de la escritura final.[215]

En algunos asientos, se indica en el margen que se ha confeccionado un documento en pergamino (*in pergameneo*),[216] señal de que probablemente no siempre se utilizaba este material – mucho más caro que el papel – para todas las escrituras expedidas. A menudo, las partes interesadas renunciaban al documento *in mundum*, es decir, a la extensión de un original final *in publicam formam*, y se solían conformar con una simple copia, más económica, de la minuta. En este sentido, según Ferrer i Mallol, no todos los contratos solicitados en las notarías catalanas se habrían expedido en forma pública, pese a ser redactados en los registros notariales.[217]

En la escribanía de Rupià, de entre los cerca de 300 instrumentos asentados en el libro de notas entre febrero y noviembre de 1372, al menos un 25% probablemente nunca se entregaron al cliente, ya que no cuentan con ningún signo indicativo de tal acción. La mayoría de estos documentos son asuntos de poca entidad o duración, especialmente comandas de animales, procuraciones entre conocidos y algún que otro reconocimiento de deuda. Es más que probable que, en una pequeña comunidad rural, este tipo de cuestiones menores – seguramente, muchas de ellas concertadas de palabra, sin intervención del notario ni

---

212 Método propuesto por Irnerio muy utilizado en Cataluña, con diferentes variaciones según la costumbre de cada escribanía. Josep Maria PONS I GURI, «De l'escrivent al notari i de la "charta" a l'instrument. Recepció dels usos notarials itàlics a Catalunya», *Lligall, Revista catalana d'arxivística*, 7 (1993), p. 34-93.

213 Daniel PIÑOL ALABART. *El notariat públic...*, p. 232.

214 AHG Ru 495, f. 3v.; *ibidem*, f. 23v.

215 AHG Ru 6 (10).

216 AHG Ru 497, f. 51v.; *ibidem*, f. 68v.

217 Maria Teresa FERRER I MALLOL, «La redacció de l'instrument...», p. 74.

escrituración alguna –, no requiriesen estrictamente una escritura final que las confirmara. En todo caso, en cualquier momento se podía solicitar al notario una copia del negocio registrado en su libro.

Aunque sean una minoría, de mucha mayor importancia eran para los clientes los diferentes tipos de contratos en que se extendía más de un original, para dos o más partes interesadas. Esta modalidad de "carta partida", muy extendida en tiempos medievales,[218] se reflejaba en los márgenes de los instrumentos con las siglas alfabéticas *ABC*, que indicaban que el documento *in mundum* que se había entregado a los clientes estaba dividido, mediante abecedario, en dos o tantas copias auténticas e idénticas hubieran sido requeridas por las partes (acción que es indicada a través de la palabra *aliam*). En el período de estudio, casi la totalidad de la quincena de casos de extensión de originales múltiples en Rupià son constituciones de dote o donaciones *inter vivos* de la herencia paterna, unos documentos esenciales para la economía familiar, normalmente contraídos en los albores del matrimonio.[219]

No obstante, el contrato también podía ser cancelado en cualquier momento, por voluntad de una o de las dos partes implicadas. Estas acudían a casa del notario para informarlo de la disolución definitiva del negocio o le tramitaban una cédula por escrito para que ejecutara dicha acción. Seguidamente, la suspensión del asunto era indicado en el manual y, a veces, también en el libro, normalmente en la parte inferior central del asiento, mediante expresiones como *fuit cancellata de voluntate partium*.[220] A la vez, se procedía a tachar todo el instrumento con líneas onduladas o, más frecuentemente, con una aspa con doble línea.

De esta manera, el documento perdía toda su anterior validez jurídica. A pesar de que el negocio podía pararse incluso el mismo día, o antes de haberse producido la firma de los interesados y de haberse redactado en el libro (*non valet et quod non fuit firmatum;*[221] *non venit ad confectum*[222]), la propia naturaleza de los documentos cancelados en la notaría de Rupià - generalmente debitorios, censales o violarios - podía implicar que estos tardasen incluso varios años a ser anulados. Esto provocaba, a menudo, que este tipo de instrumentos no fuesen

---

218   Daniel PIÑOL ALABART. *El notariat públic...*, p. 233.

219   Rosa ROS MASSANA (ed.). *Els capítols matrimonials. Una font per a la història social.* Girona: CCG Edicions - Associació d'Història Rural de les Comarques Gironines, 2010.

220   En un caso se indica mediante la frase "*quod vobis cancellari fieri in nota per dictum notarium*" (AHG Ru 495, f. 9r.).

221   AHG Ru 493, f. 150r.

222   AHG Ru 497, f. 21v-22r.

cancelados por las partes contratantes iniciales, sino por sus sucesores, quienes tenían que satisfacer la deuda contraída años antes, poniendo fin no solo al negocio sino también al documento notarial que lo sustentaba.

4.3.4. Anotaciones en los protocolos notariales: el regimiento de la escribanía.

Para el ejercicio de su profesión, como en el resto de oficios, el notario exigía a cambio la percepción de unos emolumentos que conformaban su salario.[223] La multiplicidad de tarifas en la retribución de los servicios notariales es una constante a lo largo de la Edad Media, si bien las autoridades civiles y eclesiásticas intentaron pronto el establecimiento de un orden en la tasación notarial.[224] En 1321, el obispo de Girona determinó que, a raíz de la disputa existente entre la universidad de la Bisbal y el notario del lugar, Jaume Ballester, con motivo de la tasa a satisfacer para la redacción de las escrituras, se tuvieran en cuenta las tarifas establecidas para la notaría cercana de Ullastret.[225] Un contencioso similar enfrentó en 1338 los prohombres de la universidad de Palafrugell con el notario del lugar.[226] El conflicto de la tasación de los aranceles notariales reaparece recurrentemente en los años centrales del siglo XIV y se arrastrará hasta el siglo XV.

En el caso de La Bisbal, el mencionado mandato episcopal fue repetido nuevamente en 1347, como se desprende de una sugerente relación de aranceles - *pro salariis instrumentorum et aliarum scripturarum* - de la escribanía de Ullastret, redactada entre los folios de un protocolo notarial bisbalense de esos años.[227] Así, si bien los lugares señoriales tenían plena autonomía para establecer sus aranceles particulares,[228] podemos deducir que la cuantía de estas tasas conservadas podrían haberse aplicado, de forma más o menos similar, tanto en la notaría de La Bisbal

---

223   Ignasi J. BAIGES I JARDÍ, «El notariat català...», p. 152.

224   *Ibidem*, p. 152-155.

225   El documento contiene además la transcripción de estas tasas. ADG, G-3, f. 153-154.

226   Josep Maria PONS I GURI, «Taxacions dels salaris de notaris i escrivans en jurisdiccions baronials de les terres gironines», en *Recull d'estudis d'història jurídica catalana*. Barcelona, Fundació Noguera, Textos i Documents, 1989, vol. I, p. 97.

227   AHG LB 1695 (1347-1349). Esta relación, que "*és la forma del salari que l'escrivan de Ollestret seguex e ten en l'offici de la sua escrivania*", contiene en cinco caras de folio diversas tasas según las tipologías documentales (testamentos, compraventas, deudas, donaciones, comandas...), con diferentes modalidades y precios para cada una de ellas. Sobre ella, véase Jordi SAURA NADAL, «Las tasas notariales de una villa catalana bajomedieval (La Bisbal d'Empordà, 1321)», *Studi di storia medioevale e di diplomatica – Nuova Serie*, 5 (2021), p. 67-85.

228   Josep Maria PONS I GURI, «Taxacions dels salaris...», p. 98-99.

como, por extensión, en la cercana de Rupià, en las cuales trabajó Ponç durante su vida.

Pese a todo, no es nuestro objetivo, por ahora, estudiar la correcta aplicación de estas ordenanzas o la variación de los precios para cada escribanía y para cada tipología documental,[229] sino el hecho de cómo estas tasas se reflejan, por medio de signos, en los protocolos notariales de Rupià. A primera vista, parece indiferente el uso alternado del manual y del libro para la inserción de los emolumentos a percibir para cada documento, indicados de manera conjunta en uno y otro protocolo normalmente con la sigla *p.* (*precio* o *paga*), seguida de la cantidad estipulada. En general, estos indicadores, cuando aparecen, son introducidos en la parte izquierda del instrumento, aprovechando los márgenes, pese a que en algunos casos también se encuentran desarrollados al final del asiento, reagrupando la suma total que el cliente tenía que pagar para la realización de una o más escrituras (*precio inter predicta III instrumenta, III solidos*).[230]

La cantidad final era el resultado de todos los servicios del notario, y se incrementaba si el cliente deseaba la expedición de un original en forma pública. Así, para la redacción de un instrumento de venta de una casa, los otorgantes tuvieron que satisfacer al notario 2 sueldos para la nota, además de 1 sueldo para la tramitación del documento *in mundum*.[231] Este incremento adicional debía provocar que, muchas veces, los interesados rechazasen la escrituración de una *charta* pública. De hecho, esta opción hacía que el notario, en algunas notas maginales indicara que, si se deseaba un original, el cliente lo había de solicitar y, sobre todo, pagar, en el plazo de unos días.[232]

---

229 En este sentido, actualmente estamos en proceso de realización de un trabajo que tratará sobre estas cuestiones.

230 AHG Ru 495, f. 118v. También es el caso de seis instrumentos del 4 de marzo de 1372, derivados del matrimonio de Francesca y Joan Roca. En todos ellos aparece en el márgen el signo abreviado *d.*, de *debet*, pero en el último contrato, hecho al día siguiente, se indica – en la parte final del asiento – que Bernat Roca, padre de Joan, tenía que satisfacer "*inter hoc et alia suprascripta, duos florenos auri*", cifra total del trabajo del notario (AHG 496, f. 23v-25r.). Una situación similar genera la escrituración de diferentes documentos el 6 de marzo de 1372, entre Jaume Ramon, de Brancós, y Bernat Mestre, de Parlavà, el precio de los cuales asciende a "*IIII solidos pro huiusmodi contractus dicti violarii.*" (AHG Ru 496, f. 32r.).

231 AHG Ru 496, f. 202r-203r. (1372, octubre 27).

232 AHG Ru 496, f. 166r."*Precio pro notulis dictorum trium instrumentorum V solidos, pacto inhito. Petrus Boeti iuravit quod si dictus emptor voluerit habere dictum instrumentum dicti violarii, quod infra V dies postquam fuerit requisitus solverit notario totum id quod habere voluerit pro dicto instrumento in mundum redigendo.*" Y, de la misma manera, había sido anotado en el manual, indicando en el márgen que "*debet V solidos pro notario*" (AHG Ru 497, f. 77r.).

Cuando el cliente aún no había satisfecho al notario el pago de su trabajo, tanto si se había entregado el documento *in mundum* como si no, el escribano señalaba la deuda en el mismo margen con la abreviatura *d.* (*debito* o *debet*), forma que encontramos en otros territorios en el siglo XIV.[233] Estas cuantías debidas al notario por sus servicios podían ser también indicadas en folios sueltos, como el conservado en el segundo libro de Ponç en Rupià, del año 1356-57, donde se realiza una lista de diferentes personas e instrumentos escriturados que todavía no han sido cobrados.[234] En el reverso de la cubierta posterior del primer libro analizado, como era habitual en la época,[235] también se redactó una relación conjunta de las cuentas personales del notario junto con las del trabajo realizado en la escribanía, todas los cuales fueron tachadas una vez satisfechas.[236]

Además, algunas deudas pendientes por los servicios notariales prestados eran también anotadas en el margen o dentro de los mismos asientos, donde aparecen indirectamente. El 10 de noviembre de 1371, por ejemplo, Berenguer Ponç se veía obligado a vender una tierra de su posesión para poder satisfacer diferentes cuentas atrasadas del presbítero Pere Ponç, entre las cuales había 4 sueldos debidos al notario de Rupià en motivo de la redacción de varios documentos.[237] Se especificaba, además, que el resto de todas las cantidades tendría que servir para pagar los salarios del juez, de la "mesa" del notario, de los corredores y de los estimadores. Es significativo que, justamente en este margen, se anote el precio del documento, 12 *diners*. También, en el mismo margen se aprovecha para recordar que el mencionado Ponç tenía pendiente con el notario otra deuda, de 10 denarios, por diferentes instrumentos relacionados con Pere Llorenç.

En otra ocasión, al final del asiento, el notario indicaba que el documento no se había de tramitar hasta que el cliente no pagara las cuentas pendientes por la escritura de un violario: *"non tradatur quo usque [...] non habuero VI solidos et VII denarios qui mihi debent pro dicto violario et solucionem peccunias presenti anni."*[238] Es probable que estos impagos pudieran satisfacerse mediante un acuerdo entre profesional y cliente, creando situaciones alternativas. En un caso, documenta-

---

233   Daniel PIÑOL ALABART. *El notariat públic...*, p. 234.

234   AHG Ru 6 (2).

235   Daniel PIÑOL ALABART. *El notariat públic...*, p. 234. Maria Teresa FERRER I MALLOL, «La redacció de l'instrument...», p. 98.

236   AHG Ru 495. Lamentablemente, el estado de conservación del papel, tan próximo a la cubierta, hace muy difícil una lectura adecuada de un tipo de texto de por sí ya tan abreviado.

237   AHG 495, f. 112v-114r.

238   AHG Ru 497, f. 31v.

mos como se satisface el precio del instrumento de una doble venta de unas tierras pagando 6 denarios y un par de palomas.[239]

4.3.5. Calendario y cronología.

Finalmente, examinaremos los aspectos cronológicos. En la época que estudiamos, y en los protocolos analizados, el sistema de datación plenamente vigente es el de la Natividad del Señor (*Nativitate Domini*), implementado oficialmente en la Corona de Aragón a partir de las Cortes de Perpiñán de 1351. Desconocemos, por ahora, si la aplicación de la nueva normativa fue o no problemática en las notarías episcopales de la zona del Baix Empordà, y si los notarios de Rupià - cuya *auctoritas* emanaba del obispo -, obedeciendo las disposiciones reales, abandonaron rápidamente el sistema anterior. De hecho, en muchos lugares eclesiásticos el decreto fue aplicado de forma más o menos progresiva. En Tarragona, por ejemplo, esta cuestión se dispuso a partir de un sínodo diocesano celebrado en mayo de 1355, después del cual se adoptó el nuevo sistema cronológico.[240]

En todo caso, la calendación romana y el año de la Encarnación, sistemas de datación con los que Guillem Ponç se habría formado, eran, ya en los primeros años de la década de 1370, solo un recuerdo que, en todo caso, podía reaparecer esporádicamente en forma de error del escribano. Así, por ejemplo, un documento del 4 de febrero de 1372 es datado como "*IIII idus febroarii*".[241] En cambio, podía suceder lo contrario: entre las múltiples referencias documentales a instrumentos antiguos, datados mediante el año de la Encarnación, encontramos un ejemplo en el que el "*Anno Domini*" se encuentra interlineado en el texto, como corrección y muestra probable del error del escribano ante una nueva costumbre cronológica ya totalmente asimilada.[242]

A diferencia de los manuales notariales, de carácter esencialmente anual, en los libros de notas de Rupià de este período el cambio de año, el 25 de diciembre, se señala no con el comienzo de un nuevo volumen sino con la introducción de unas letras capitales góticas, muy sencillas y poco ornamentadas, en un nuevo folio.[243] En el inicio de un nuevo protocolo, la fecha se anota al principio con letras destacadas, a gusto del notario, como apertura de los nuevos documentos

---

239   AHG Ru 497, f. 88v-89r.

240   Daniel PIÑOL ALABART, Daniel. *El notariat públic...*, p. 241-242.

241   AHG Ru 495, f. 198v.

242   *Ibidem*, f. 179v.

243   *Ibidem*, f. 155v.

a redactar. Así, por ejemplo, el segundo libro analizado se abre el 12 de febrero de 1372 con la invocación religiosa en mayúsculas góticas *"Ihesus, Ihesus [Ihesus] anno a Nativitate [Domini M CCC] LXX secundo"*, a la vez que el día y el mes son indicados seguidamente en la parte superior central del nuevo instrumento, entre dos pequeños calderones.[244] Respecto al libro anterior, es probable que la pérdida de algunas páginas iniciales haya supuesto también la desaparición de estos elementos cronológicos.

En general, los documentos siguen un orden cronológico lineal. Las puntuales alteraciones de la datación, cuando se producen, podrían obedecer tanto a las directrices específicas del propio funcionamiento de la notaría - como la presencia de dos escribanos trabajando en paralelo -, como a simples descuidos del escribano en el método de inserción de los instrumentos en los espacios en blanco a partir de las distintas minutas del manual. En la mayoría de los casos, la fecha aparece enteramente redactada solo una vez por día en el apartado final de cada instrumento; cuando se escritura más de un documento diario, se remite a la consulta de la datación y, si fuera el caso, de los testimonios del instrumento anterior (*"actum et testes, ut supra"*).

El carácter anual y la correcta secuencia cronológica de los protocolos hacían innecesaria la constante y repetida inserción de la fecha en cada nuevo documento diario. Así, la datación queda a menudo reducida al máximo y se refiere, normalmente en la parte final del instrumento, mediante la expresión *"Actum est hoc"*, el lugar - normalmente Rupià – y el día y el mes del acto. Pese a ello, también son presentes locuciones como *"Que fuerunt acta in Rupiano die…"* o, a veces, fórmulas más poéticas como *"ad habendam memoriam in futurum quod fuit actum Rupiani…"*.[245]

Para concluir, si bien lo más habitual es encontrar la fecha al final de los instrumentos - en el cuerpo del mismo asiento y antes de los nombres de los testimonios -, existen también ejemplos en que esta es introducida al principio del documento. Redactados en su mayoría de forma objetiva, estos casos se corresponden, mayoritariamente, a las múltiples actas de la curia jurisdiccional de Rupià insertas entre los protocolos de Guillem Ponç (por ejemplo: *"Noverint universi quod die iovis tercia mensis iunii anno a nativitate Domini M° CCC° LXX secundo, circha oram tercie…"*).[246]

---

244 AHG Ru 496, f. 5r.

245 *Ibídem*, 206r.

246 AHG Ru 496, f. 88r-89r.

5. LA ACTIVIDAD NOTARIAL EN RUPIÀ.

En este último punto, analizaremos de forma exhaustiva la actividad notarial desarrollada en la villa de Rupià y su término durante los meses de agosto de 1371 a octubre de 1372, a partir del estudio de los cuatro protocolos - dos manuales y dos libros de notas - correspondientes a este período. A través de los datos que ofrecen estos volúmenes, nos adentraremos en una pequeña escribanía rural para conocer diversos aspectos relacionados con la labor profesional del notario, como su clientela y sus demandas contractuales, los lugares preferentes de escritura o el volumen de trabajo diario.[247] No en vano, todos estos elementos nos permitirán ver la estrecha vinculación del notariado bajo-ampurdanés con su territorio de actuación.

5.1. Análisis de la actividad notarial del año 1371-1372.

Parte de la historiografía ha otorgado al estudio del notariado rural un papel secundario, en contraposición a la mayor importancia de los análisis centrados en los ámbitos notariales urbanos. Además, parece existir aun hoy una concepción infravalorada de la actividad notarial desarrollada en las pequeñas villas del mundo rural, escasa y poco variada documentalmente en comparación al ritmo frenético de las notarías de las pujantes ciudades comerciales. De esta manera, aún prevalece la teoría de que el escaso volumen de trabajo de los notarios rurales daba como resultado la composición de un protocolo solo después de años de continua escrituración.[248]

---

247 Son aspectos definidos por Jean Luc Laffont, en *Problèmes et méthodes...*, p. 17-28.

248 Josep Antoni LLIBRER ESCRIG, «El notari Guillem Peris...», p. 122.

Sin embargo, en algunos lugares sería preciso la matización de esta hipótesis. Si bien la actividad de estas pequeñas notarías rurales no podría compararse con el movimiento escriturario de las oficinas notariales de las grandes urbes - importantes centros económicos -, ya hemos podido ver como estas afirmaciones tendrían que reconsiderarse para escribanías como la de Rupià.[249] El notario Guillem Ponç, por ejemplo, confeccionó a lo largo de su dilatada regencia en esta oficina (1355-1374), hasta 35 volúmenes derivados de su labor profesional, y que en su mayoría son libros de notas que corresponden, cada uno, a una secuencia temporal de aproximadamente seis meses. Su hijo y futuro notario, el homónimo Guillem Ponç II, llegaría a confeccionar, como consecuencia de su intensa actividad en distintas escribanías de la zona, un centenar de protocolos notariales durante más de tres décadas de trabajo.

Todos los volúmenes del primer Guillem Ponç están formados por una media de entre 50 y 100 folios, para el caso de los manuales notariales, y alrededor de los 150 y 200 folios en los libros de notas. Estos últimos contienen, aproximadamente, unos 275 instrumentos de media. Por su parte, los dos libros estudiados - de 204 y 208 folios, respectivamente-, disponen, para el período analizado de 1 de agosto de 1371 a 31 de octubre de 1372, de 253 y 290 asientos, que constituyen un total de 543 instrumentos. Sin embargo, estos datos deben tomarse necesariamente con precaución, ya que muchos contratos, como se muestra en el gráfico 1, no se encuentran redactados en el libro, sino únicamente en el manual, y, a veces, incluso al revés. Para el estudio completo de la actividad notarial, por lo tanto, es preciso un análisis exhaustivo y comparado de todos los datos de los cuatro protocolos del período, que, en conjunto, guardan entre sus folios un total de 615 documentos de diferentes tipologías.

5.1.1. La actividad por meses.

Para el examen de la gran actividad escrituraria, proponemos el análisis exhaustivo de los dos libros de notas y de los dos manuales notariales correspondientes al período trabajado. El estudio comparado de ambos tipos de protocolos nos permite captar con mayor amplitud la ocupación laboral de la notaría ya que, aunque Guillem Ponç siga el sistema del doble registro, muchos instrumentos no aparecen redactados de forma repetida en uno u otro volumen, como se ha podido observar en el gráfico 1.

---

249 En la valenciana Pobla de Vallbona, Josep Antoni Llibrer también examina una muestra de actividad notarial excepcional y, según él, poco frecuente para un notariado de carácter rural. Josep Antoni LLIBRER ESCRIG, «L'origen d'una nissaga...», p. 43-61.

La secuencia cronológica que hemos tomado en consideración, por otro lado, es la que nos brindan los dos libros estudiados, desde agosto de 1371 hasta octubre de 1372, pese a que, para favorecer este estudio, se ha ampliado el intervalo temporal con los datos que nos aportan únicamente los manuales para los meses de junio y julio de 1371 y noviembre de 1372.[250] En definitiva, se trata de un período de unos dieciocho meses que, más allá de no sobrepasar un carácter esencialmente anual, nos puede reflejar un mínimo boceto de algunas primeras tendencias, reflejadas en la repetición de meses tan significativos como los de la estación estival, y que precisaría de un estudio comparado y seriado para años sucesivos.

Meses	Enero	Febrero	Marzo	Abril	Mayo	Junio	Julio	Agosto	Septiembre	Octubre	Noviembre	Diciembre
1371						25	29	67	49	40	51	35
1372	36	31	32	40	51	17	39	41	50	36	43	

Cuadro 5. *Número de contratos por mes y año (junio de 1371 – noviembre de 1372).*

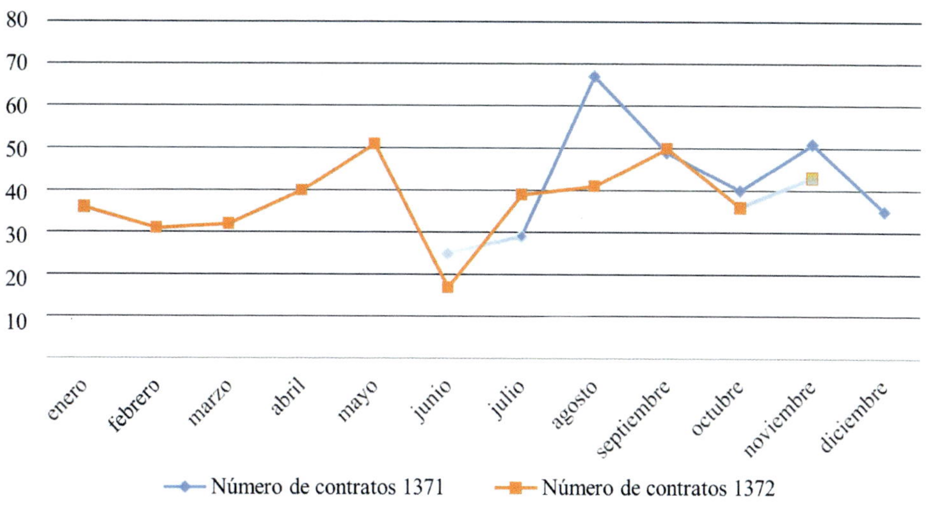

Gráfico 2. *Actividad anual de la notaría (junio de 1371 – noviembre de 1372).*[251]

250 Es necesario tomar estas últimas cifras como provisionales, a falta del análisis del contenido de estos meses en los otros libros de notas de Ponç, y, por este motivo, estos datos se han reflejado en cursiva en la elaboración del cuadro 5.

251 Las cifras correspondietes a los meses de junio y julio de 1371 y de noviembre de 1372, son, como

Como vemos tanto en el cuadro 5 como en el gráfico 2, la actividad notarial se mantiene más o menos constante a lo largo del año, si bien es cierto que el trabajo del notario tiende a incrementarse y a reducirse con ligeras variaciones durante unos meses determinados. Existen momentos laborales álgidos durante el período analizado, como por ejemplo agosto de 1371, que, con 67 instrumentos registrados, es el mes con mayor movimiento escriturario. No obstante, es probable que estos puntos sobresalgan de una tendencia regular – en el mismo mes del año siguiente se documentan solo 41 instrumentos –, como resultado de situaciones excepcionales, como la redacción precipitada de una gran multitud de testamentos y otra documentación relacionada (inventarios, tutorías, pagos de albaceas…), a raíz, muy probablemente, de una situación de mortalidad generalizada durante el verano de 1371.[252] De esta manera, durante los meses de junio, julio y agosto de 1371 se dictan 8, 18 y 12 últimas voluntades, respectivamente.

A pesar de estos casos especiales, lo cierto es que julio y agosto constituyen una etapa de incremento progresivo del trabajo en la notaría, después de un mes de junio que representa, durante los dos años estudiados, el período de menor concentración contractual, con la redacción de solo una veintena de documentos. En efecto, como veremos, la mayor dedicación de la clientela campesina en las intensas ocupaciones agrícolas de comienzos del verano, ralentiza el ritmo habitual de la escribanía y permite al notario gozar de un tiempo adicional para la redacción de las escrituras.

El aumento gradual del movimiento escriturario a medida que avanza el período estival parece estabilizarse a las puertas del otoño, meses en los que desciende el volumen de trabajo en el campo. En el mismo sentido, pese a que se precisaría de un mayor análisis, puede ser notorio el estancamiento de la actividad notarial entre los meses invernales, de diciembre a abril, cuando se incrementan los trabajos de las tierras vinícolas,[253] ampliamente documentadas en las inmediaciones de Rupià. Finalmente, durante el mes de mayo de 1372 la labor profesional del notario se reactiva, con la redacción de negocios tan sintomáticos como las comandas de animales (un 15% de los contratos), concentradas, en especial, entre los meses de abril y octubre.

---

hemos dicho, provisionales, atendiendo al diferente método de análisis.

252   Christian GUILLERÉ. *Girona al segle XIV*. Girona: Ajuntament de Girona/Publicacions de l'Abadia de Montserrat, 1993, vol. II, p. 199-209.

253   Carme BATLLE I GALLART. *L'expansió baixmedieval, segles XIII-XV*, vol. III d'*Història de Catalunya*. 7a ed. Barcelona: Edicions 62, 2001, p. 385.

Con todo, aunque había días de mayor y más intenso trabajo notarial en la escribanía, es cierto que en otras jornadas se consignan muy pocos o, incluso, ningún contrato. Normalmente, la actividad diaria de la notaría se centraba en la resolución de documentos relativamente cotidianos, que concernían asuntos privados y particulares de la vida económica y social de las familias locales, como pagos o debitorios de todo tipo, compraventa y pago de censales y, de manera importante, aquellos relacionados con nuevos matrimonios (dotes, heredamientos, definiciones de herencias...). La atención a este tipo de negocios, que a menudo generaban un nombre considerable de instrumentos en una misma jornada, ocuparía durante unos días o semanas gran parte del horario de trabajo del notario, dedicado de lleno a la redacción de estas escrituras en su escritorio para su posterior entrega a los clientes.

5.1.2. La clientela.

Uno de los elementos esenciales en el estudio de la actividad notarial es el análisis del tipo de clientela que solicitaba los servicios de Guillem Ponç y su procedencia, con el objetivo, entre otras cuestiones, de analizar la incidencia de la escribanía de Rupià sobre la sociedad y el territorio circundantes. En el ejercicio de su profesión, el notario estaba a disposición de sus clientes, a quienes había de atender en todo momento para resolver sus asuntos particulares. Uno de los juramentos que habían de prestar los notarios sustitutos obligaba al profesional a redactar todo documento que requiriera el cliente: *"que a raquesta de les gents farà cartes e altres contractes deguts."*[254]

Las partes interesadas, otorgantes y beneficiarios de los documentos, acudían a la notaría para todo tipo de cuestiones y negocios, también encargados al fedatario, a veces, por medio de pequeños billetes,[255] algunos de ellos conservados. Como era habitual en pequeñas comunidades,[256] por la oficina del notario pasarían un gran porcentaje de los habitantes de los alrededores de Rupià en algún momento de su vida, algo que queda reflejado en la secuencia de tipologías documentales (desde tutorías y dotes hasta testamentos e inventarios de bienes *post-mortem*).

---

254 AHG Ru 480 (9).

255 Maria Teresa FERRER I MALLOL, «Cartes i bitllets privats en els manuals del notari barceloní Narcís Guerau Gili (segle XV)», Estudis universitaris catalans, vol. 24 (1980), p. 197-218.

256 Josep Antoni LLIBRER I ESCRIG, «L'origen d'una nissaga...», p. 45.

Tipos de clientes.

En el período analizado, la mayoría de clientes que pasaron por la notaría de Rupià - tanto los otorgantes como los beneficiarios de los documentos - proceden del campesinado o son personas vinculadas directa o indirectamente al trabajo de la tierra. Así, aunque estos nunca son referidos como payeses, lo cierto es que algunas evidencias (como la propia tipología de los contratos o su contenido) nos indican que, en efecto, la villa de Rupià y sus alrededores conformaban una comunidad esencialmente rural. La no especificación del oficio de los clientes, de hecho, es habitual en notarios que trabajan en medios socioprofesionales homogéneos, formados por una mayoría prácticamente absoluta de población campesina.[257] Esta circunstancia, por otro lado, explicaría el profundo descenso de la actividad notarial durante los períodos de más intensidad laboral en el campo, sobre todo en junio (inicio del tiempo de la siega y recogida de la cosecha), que es justamente el mes con menor constatación de contratos.

En menor medida, documentamos la concurrencia en la escribanía de Ponç de otros grupos, desde algunos pocos artesanos (carpinteros, sastres, tejedores, pelaires, pañeros), tanto de la propia villa como de otros lugares y de la ciudad de Girona, hasta distintos niveles de eclesiásticos (clérigos, beneficiados, diáconos, hebdomadarios, sacristanes, rectores, presbíteros, frailes), los cuales, a veces, pueden actuar como señores directos de algún poder temporal. También es notorio el paso por la oficina, generalmente en calidad de beneficiarios, de algunos señores feudales del territorio (como el camarero y el prior del monasterio de Sant Pere de Rodes, el comendador de la Comanda de Aiguaviva del Orden del Hospital, la Sede de Girona o algunos pequeños donceles y señores locales), o la de sus representantes (bailes de diferentes villas, el castellano de Rupià, el vigilante de las torres del castillo, el sayón o el propio notario). Todos ellos, ya sea directamente o por medio de sus segundos, hacen valer su poder sobre los dominios situados en la zona, gracias a los servicios jurídicos del notario del lugar. Por último, también documentamos la presencia en la escribanía de algunos pocos judíos de La Bisbal, Girona y Peratallada.

Finalmente, dentro de la naturaleza de la clientela de Guillem Ponç, cabe distinguir entre un claro predominio de hombres en contraposición al casi 30% de mujeres documentadas. Ellas, cuando aparecen en calidad de otorgantes o beneficiarias, suelen hacerlo al lado de sus maridos, padres o hermanos, que a menudo dan su consentimiento para tal acción. Muchas se encuentran ausentes en el

---

257 *Ibidem,* p. 134.

momento de la firma e incluso, en algunas ocasiones, sus nombres son ignorados por el notario, que olvida rellenar los espacios en blanco, puede que por falta de información o, simplemente, de importancia. Aún así, la mujer a menudo toma un papel relevante en los contratos, y también puede aparecer muchas veces sola, sobre todo cuando es la heredera de un manso – como, por ejemplo, Brunissenda Bonfilla, propietaria útil del *mas* Bonfill de Ultramort –, o cuando actúa en calidad de viuda, albacea o tutora testamentaria de sus propios hijos pupilos.

Procedencia de los clientes.

El estudio de la procedencia de la clientela detecta una gran dispersión de gentes del territorio circundante a la notaría, si bien existe una clara mayoría de otorgantes y beneficiarios del propio término jurisdiccional, constituido desde principios del siglo XIV por los lugares de Rupià, Parlavà y Ultramort. Los vecinos de estas dos últimas parroquias, por falta de atención notarial en sus localidades, se han de desplazar hasta la escribanía rupianense para la escrituración de sus necesidades contractuales, muchas de las cuales implican a habitantes de Rupià.

Hasta un 71% de los otorgantes que aparecen en los instrumentos del período de agosto de 1371 a octubre de 1372, como puede observarse en el gráfico 3, eran naturales de este término, mientras que un 15% se trasladaron a Rupià desde otros lugares bajoampurdaneses.[258] En la misma línea, los beneficiarios (gráfico 4), aunque se documentan de diferentes procedencias, generalmente son también gente natural de los alrededores de la villa, como es habitual en comunidades rurales.[259]

El elevado número total de otorgantes de la actual comarca del Baix Empordà, un 86%, contrasta notablemente con la escasez – solo un 2% – de gente procedente de los territorios del Alt Empordà, dominios, por otro lado, mayoritariamente del conde de Empúries. En este sentido, a falta de un mayor análisis, cabe señalar que la presencia en Rupià de individuos de otras señorías, que además contaban con sus propias escribanías locales, es muy parca. Así, puede ser significativo que, a pesar de la proximidad de Rupià con lugares como la villa real de Torroella de

---

258 Per orden de mayor número de apariciones en los documentos, son los lugares de Fonolleres, Santa Maria de la Sala, La Pera, Casavells, La Bisbal, Foixà, Verges, Ullastret, La Tallada d'Empordà, Pedrinyà, Torroella de Montgrí, Vall-llobrega, Corçà, Cruïlles, Púbol, Ullà, Matajudaica, Monells, Sant Iscle d'Empordà, Santa Coloma de Matella, Anyells, Canet de la Tallada, Cassà de Pelràs, Colomers, Palamós y Sant Sadurní de Garrigoles.

259 Odile REDON, «Le notaire au village...», p. 675.

Montgrí, la compleja señoría de Cruïlles, o territorios condales como Monells y la zona de Verges y La Tallada, los habitantes de estas contradas representen una absoluta minoría en la clientela del notario.

Con todo, los desplazamientos clientelares a la notaría de Rupià desde largas distancias se originarían, en especial, para la solución de cuestiones muy específicas, concernientes a asuntos del territorio, como las que, por ejemplo, implicaban a Ramon Salom, procurador del rector de la capilla del castillo de Mallorca.[260] Una serie de traspasos de bienes inmobiliarios también requirieron de la presencia en Rupià de Guillem Bou, ciudadano de Barcelona, pero natural de Fonolleres.[261] Por su parte, puede que la cercanía de la muerte obligara a Jaume Cebrià, de Santa Coloma de Matella, pero en esos momentos presente en la parroquia de Ultramort, a recurrir rápidamente a los servicios del notario rupianense para la redacción de sus últimas voluntades.[262]

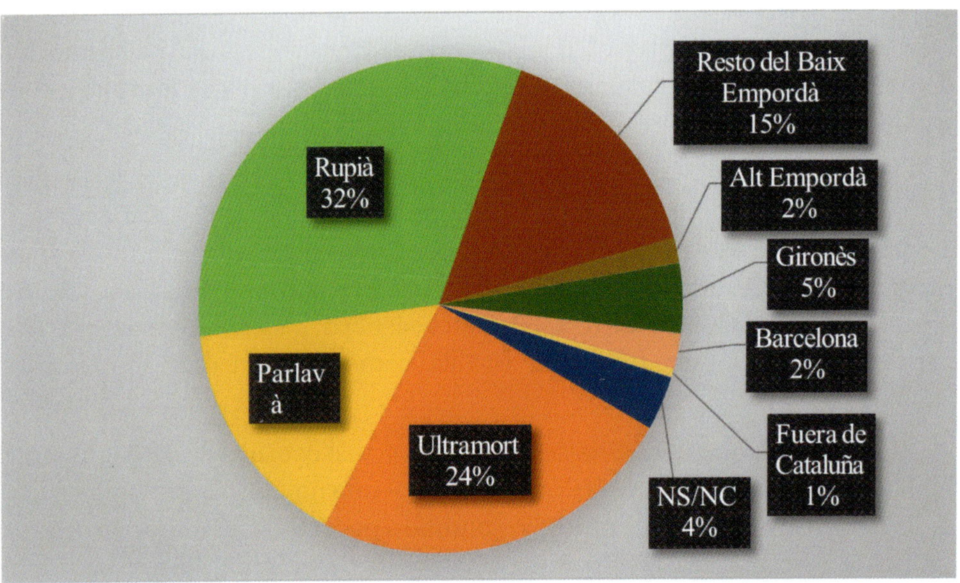

Gráfico 3. *Procedencia de los otorgantes en los protocolos estudiados*[263]

---

260   AHG Ru 495, f. 104r-104v., 111r-111v.

261   AHG Ru 495, f. 119v-120r, 120v-121r, 129r-130r. Es probable que las diferentes ventas de sus propiedades en la zona fueron en motivo de su traslado definitivo a la ciudad condal.

262   AHG Ru 495, f. 75v-78v.

263   Las referencias corresponden a las comarcas según la actual división administrativa catalana, a excepción de las parroquias de Rupià, Parlavà y Ultramort, que conformaban conjuntamente el término y jurisdicción del castillo de Rupià.

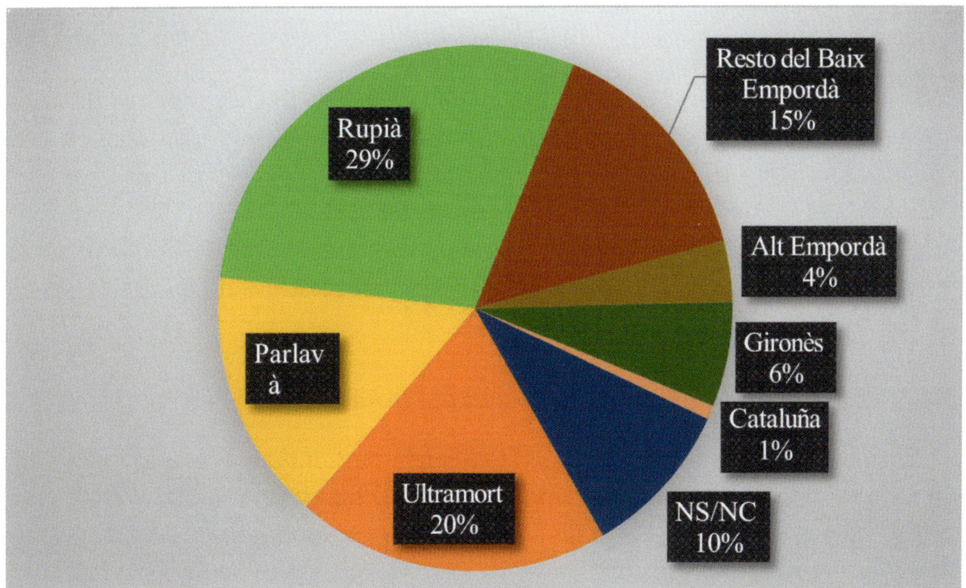

Gráfico 4. *Procedencia de los beneficiarios en los protocolos estudiados*

Los testimonios.

De forma regular, las personas que intervienen como testimonios de los actos notariales, por norma general entre dos y tres por instrumento, y siempre hombres, también tienen un origen estrictamente local (Rupià, Parlavà, Ultramort, Foixà, La Pera…).[264] A pesar de que no formen parte del conjunto de la clientela estrictamente interesada en el negocio, los testimonios son una parte esencial de los contratos notariales. Su presencia destacada da cierta validez y fuerza al acto de juramento, en especial cuando se trata de individuos de una cierta relevancia o consideración social, también dentro de la comunidad local. De esta manera, es habitual encontrar entre las personas que ofrecen su testimonio a vecinos ilustres o de un cierto prestigio y, sobre todo, a los estratos más bajos de eclesiásticos (clérigos, sacristanes, presbíteros), estrechamente vinculados con el tejido social y religioso del territorio.

Seguramente muchas veces los propios clientes se pondrían previamente de acuerdo con amigos, conocidos o familiares para dar testimonio en el momento

---

264 No es muy habitual disponer de tres o más testimonios por contrato, si bien existen algunas situaciones excepcionales, como los siete testimonios que testificaron en los cinco instrumentos del 5 de mayo de 1372, los cuales implicaban las famílias Roca y Mir en ocasión del matrimonio de sus hijos (AHG Ru 496, f. 23v-27v).

de la firma, aunque también es más que probable que a menudo los testigos fueran, sencillamente, personas que se encontraban en ese instante en la notaría para cualquier otro motivo o que pasaban por la calle. De hecho, muchos de estos, después de prestar su palabra como testimonio, aparecen seguidamente en otro asiento del mismo día, en calidad de clientes de otro negocio distinto, aprovechando así su visita a la escribanía. En el mismo sentido, Ramon d'Orts, escribano jurado que trabaja diariamente en la oficina notarial, o que se desplaza por el territorio en búsqueda de los clientes, aparece como testimonio en gran parte de las escrituras realizadas en este período.

5.1.3. Lugares de escritura y movilidad del notario.

El tipo y la procedencia local de la clientela de Guillem Ponç también condiciona el lugar en el que se toman las escrituras. En efecto, Rupià se erige en el centro notarial por excelencia de la zona. Los propios vecinos, los campesinos de las inmediaciones y los habitantes de otros lugares del término (de Parlavà y Ultramort, sobre todo) acuden a la escribanía en busca de los servicios del notario, desde unas distancias no muy lejanas. De esta manera, se comprende que la amplia mayoría de los documentos se fechen en esta villa.

Sin embargo, esta concentración de la escritura en un núcleo principal no implica un total inmovilismo del personal de la notaría. Así, ya sea el propio notario o bien su escribano, aparecen de forma habitual fuera de los muros de la oficina. Estos profesionales, cargados con los materiales necesarios - y puede que salvando largos recorridos a caballo del rocín documentado en el inventario del notario -, se desplazan a menudo para cumplir las diversas peticiones de los clientes o para conseguir sus firmas atrasadas. Así, documentamos su actuación en la plaza, ante el puente del castillo de Rupià,[265] dentro de la prisión,[266] en el interior de las casas de la clientela de la misma villa o de la vecindad de Brancós,[267] o, en muchos casos, simplemente *"infra parrochia"*, en algún lugar de las parroquias de Rupià, Ultramort o Parlavà, muy probablemente en los numerosos mansos de esta área, como los de las familias Brancós o Bonfill.

Ciertamente, en algunas ocasiones concretas, vemos como Guillem Ponç o su ayudante Ramon d'Orts se adentran en el ámbito privado de la casa, para la realización de actos tan importantes como testamentos o inventarios *post-mortem*.

---

265 AHG Ru 496, f. 22r-22v.

266 AHG Ru 495, f. 193v-194r. En la redacción de un documento de un personaje de Narbona, encarcelado por algún motivo en Rupià.

267 AHG Ru 495, f. 2v-3v. Dentro del *mas* Brancós, en la parroquia de Rupià.

Como por ejemplo el sábado 22 de noviembre de 1371, cuando, por mandato del baile, el sayón Guillem Ferrer y Ramon d'Orts, accedieron dentro del manso Brancós para inventariar una serie de bienes empeñados.[268] Las condiciones físicas de muchos testadores, como la de Guillem de *Puncho*, del manso homónimo de Parlavà, obligaron al notario, juntamente con los distintos testimonios, a desplazarse en servicio de urgencia hasta el domicilio del moribundo.[269] En ocasiones, esta precipitación comportaría una anotación muy rápida de las últimas voluntades, escritas en folios separados de menor calidad y en forma de cuartilla - ligados más tarde directamente en el manual -, como es el caso del testamento de Jaume Cebrià, de Santa Coloma de Matella, gravemente enfermo en Ultramort.[270]

En definitiva, la movilidad del notario o de su segundo dentro de su espacio geográfico de trabajo es un aspecto a tener en cuenta.[271] El 20 de febrero de 1372, Ramon d'Orts se encontraba primero actuando como testimonio en un documento en Rupià y, durante el mismo día, en otro en Parlavà.[272] Ciertamente, esta función itinerante sería delegada la mayor parte de las veces en el mencionado escribano jurado, en cumplimiento de sus deberes de auxiliar del notario.[273] Es probable que, en sus últimos años de vida, el notario titular, ya de cierta edad, asignara la tarea móvil a su escribano, como representante e intermediario entre la oficina notarial y los clientes sobre el territorio circundante.

★ ★ ★

En definitiva, como vemos, la labor profesional de Guillem Ponç cubre una demanda de carácter esencialmente local, con algunas incidencias de ámbito comarcal. En este sentido, podemos decir que la escribanía de Rupià ejercía como centro notarial de la zona, en ausencia de otras notarías próximas, y que cubría las necesidades contractuales de los habitantes de las inmediaciones. Con todo, el arraigo del notario en el lugar en que vive implica la frecuentación en la notaría de una clientela local cualitativamente poco variada, muy homogénea, que exige la resolución de negocios elementales, la mayoría de ellos derivados del propio perfil socioeconómico del territorio,[274] como veremos a continuación.

---

268 AHG Ru 493, f. 103v-104r.

269 AHG Ru 495, f. 31r-33r.

270 *Ibidem*, f. 75v-78v.

271 Giulano PINTO; Lorenzo TANZINI; Sergio TOGNETTI. *"Notarium itinera". Notari toscani del basso Medioevo, tra routine, mobilità e specializzacione*. Firenze: Leo S. Olschki Editore, 2018.

272 AHG Ru 496, f. 10v-11v.

273 Laureà PAGAROLAS I SABATÉ, «Notaris i auxiliars...», p. 59.

274 Josep Antoni LLIBRER I ESCRIG, «L'origen d'una nissaga...», p. 136.

5.2. Estudio de las tipologías documentales de 1371-1372.

El último aspecto trabajado, dentro del análisis de la actividad notarial en Rupià, es el estudio cuantitativo de las diferentes tipologías documentales contraídas en la escribanía durante este período. Con el objetivo de analizar la gran producción derivada del ejercicio profesional de Guillem Ponç, se resaltan algunas de las características más generales de los tipos de documentos más frecuentes en la notaría. Por el contrario, la extensión de este trabajo impide un examen sistemático de las valiosísimas informaciones que aporta esta fuente documental para las diversas disciplinas históricas y para el estudio exhaustivo de la inserción del notario dentro de su contexto territorial y socioeconómico.

5.2.1. Tipo de contratos en la notaría de Rupià.

Uno de los elementos esenciales que se desprenden de una primera observación de las diferentes tipologías de documentos, tanto en las notarías urbanas como en las de ámbito rural, es, lógicamente, su estrecha relación con la clientela propia de la escribanía. En efecto, los distintos tipos de contratos escriturados por el notario obedecen, en primer lugar, a las demandas más básicas y puntuales de la categoría de clientes más inmediatos, campesinos y habitantes de la villa, en su mayoría, para el caso de Rupià. El ritmo de la actividad económica de las grandes villas y ciudades exige y demanda unos documentos que, con mucha menor frecuencia, encontraremos en las pequeñas villas y sus inmediaciones rurales. La fuente, en definitiva, es el reflejo último de la estructura económica en la que se insiere el notario.[275]

De esta manera, la mayoría de contratos redactados en la notaría de Rupià se relacionan con los aferes de la vida cotidiana de una pequeña villa del mundo rural, como por ejemplo las comandas de animales - el 5% de los instrumentos -, esenciales para muchos hogares campesinos, o los contratos enfitéuticos y los arrendamientos - que representan otro 5%.[276] Además, los homenajes y los

---

275   *Ibidem,* p. 59.

276   Elvis MALLORQUÍ GARCIA, «Fonts per a una història global del món rural: pergamins, capbreus, registres episcopals i llibres notarials», en *Documentació notarial i arxius. Els fons notarials com a eina per a la recerca històrica. Jornades celebrades els dies 5 i 6 d'octubre de 2006 a l'Arxiu Històric de Girona.* Barcelona: Generalitat de Catalunya, 2007, p. 159-170; Lluís SALES I FAVÀ. *Custodiar, pasturar i engreixar. Els inicis de la ramaderia comercial al massís de les Gavarres (segle XIV).* XXVIè premi Joan Xirgo, 2016; Xavier SOLDEVILA I TEMPORAL, «La ramaderia ovina i el comerç de

instrumentos de servitud a los diferentes señores feudales de la zona, así como las redenciones del dominio temporal, también son presentes, con un 3%.

No obstante, aunque el medio socioeconómico pueda influir y marcar diferencias de contenido entre las diversas escrituras conservadas entre los folios de las escribanías, lo cierto es que existe una generalización de algunas tipologías en todos los ámbitos territoriales, producidas por unas necesidades contractuales comunes de toda la población. La deuda, por ejemplo, constituía una situación que originaba un gran movimiento escriturario, con diferentes tipos de documentos, como por ejemplo las cartas de deuda, las diferentes ápocas de su satisfacción o las actas relacionadas con el impago, como las penas pecuniarias (derivadas de un acto de curia, pero redactadas en el manual del notario) o la solución de litigios y controversias generadas a tal efecto.

Pero es el pago y satisfacción de deudas y rendas censales, sin duda, lo que exige una mayor y constante escrituración de documentos. Dada su extrema habitualidad, la mención de estos documentos insertos en el manual se reducen a la palabra "*apocha*", a continuación del instrumento o negocio que las origina. Para el caso de la notaría de Rupià, como puede observarse en el gráfico 5, estos tipos documentales representan una tercera parte de las escrituras asentadas en los volúmenes notariales estudiados, posicionándose como la tipología documental mayoritaria. Su heterogeneidad deriva de su dependencia con respecto a multitud de contratos principales previos, de diversa índole (compraventas, heredamientos, dotes, censales…), algo que genera una gran actividad notarial. Así, por ejemplo, gran parte de las compraventas, que representan un 13% de los documentos, disponen de un ápoca de satisfacción de su precio.

Otro tipo de asunto importante que reunía y conseguía producir una gran cantidad de instrumentos notariales, la mayoría de ellos, además, expedidos en forma pública, eran los matrimonios.[277] En efecto, el acuerdo de unas nuevas nupcias implicaba la redacción, prácticamente siempre sucesiva, de diversos tipos de documentos (heredamientos, definiciones de derechos hereditarios, pagos y reconocimientos de deuda, redenciones y contratos de servitud…), que obligaban a las familias a pasar por la casa del notario.[278] Sin embargo, en nuestro

---

la llana a Torroella de Montgrí (1290-1340)», *Estudis d'Història Agrària*, 14 (2000-2001), p. 63-90.

277   Lídia DONAT PÉREZ; Xavier MARCÓ MASFERRER; Pere ORTÍ GOST, «Els contractes matrimonials a la Catalunya medieval», en Rosa ROS MASSANA (ed.). *Els capítols matrimonials. Una Font per a la història social*. Girona: CCG Edicions - Associació d'Història Rural de les Comarques Gironines, 2010, p. 19-46.

278   Lídia DONAT PÉREZ, et al., «Els contractes matrimonials…», p. 20-21.

estudio de la actividad notarial, hemos creído conveniente agrupar en una sola categoría solo aquellos documentos relacionados con los heredamientos (y legítimas paternas) y las renuncias de derechos a la herencia, sin pretender un análisis exhaustivo de la complejidad de estos contratos. Aun así, la herencia de los hijos supone en Rupià hasta un 9% de los instrumentos consignados durante el período estudiado.

Una de las tipologías más habituales en las notarías, también, eran los testamentos. Entre agosto de 1371 y octubre de 1372, por ejemplo, se redactaron 25 testamentos y codicilios, la mayoría de ellos asentados únicamente en el manual. No obstante, si ampliáramos la horquilla cronológica del estudio, podríamos observar como desde el 5 de junio del primer año hasta el 8 de noviembre del segundo, se dictaron hasta 51 últimas voluntades, 42 de las cuales concentradas durante el verano de 1371. Muchos de estos documentos exigían el desplazamiento del notario o de su auxiliar al domicilio del enfermo, *detetentus infirmitate*, de manera que solo en 19 de los 51 casos mencionados, el instrumento está datado en Rupià o su parroquia.[279]

La muerte, además, condicionaba la escrituración de otro tipo de documentos, como son los inventarios de bienes o los nombramientos de tutor dictaminados por la curia,[280] a causa de la minoría de edad de los hijos. Las viudas o los tutores eran los encargados, generalmente, de ordenar la redacción de inventarios de los bienes del difunto, muchas veces para la buena administración de las tutelas de los hijos de este. En la escribanía de Rupià se redactaron, entre agosto de 1371 y octubre de 1372, hasta 25 inventarios, un total de 31 (un 5% de los contratos) si contabilizamos otras relaciones de bienes realizadas por motivos diferentes, como por ejemplo los empeños o las subastas. Una cantidad que, atendiendo a las perspectivas historiográficas de escasez de esta fuente en el mundo rural, se convierte en muy considerable.[281]

Finalmente, hemos de considerar otra tipología documental más o menos frecuente entre los manuales de Guillem Ponç: las actas de curia (un 3% de los asientos). Pese a que este tipo de documentos de la fe pública judicial, de una

---

279   En 23 ocasiones el notario tuvo que desplazarse a Ultramort, mientras que solo escrituró 2 testamentos en Parlavà. En 7 ocasiones no se refiere el lugar de escritura.

280   Josep Maria MARQUÈS I PLANAGUMÀ, «El govern episcopal de la Bisbal», *Estudis del Baix Empordà*, 14 (1995), p. 144.

281   Pere BENITO I MONCLÚS, «Casa rural y niveles de vida en el entorno de Barcelona a fines de la Edad Media», *Col·loqui internacional "Pautes de consum i nivells de vida al món rural medieval"* (Universitat de València, 18-20 de setembre de 2008). Disponible en línea: https://www.uv.es/consum/benito.pdf [consulta: 25 de abril 2021].

gran heterogeneidad, no entren dentro de la órbita de los contratos privados de la notaría, y que se relacionen con asuntos de orden público, civil o judicial de los habitantes de la jurisdicción,[282] sí que suelen aparecer de manera habitual, ciertamente, entre los instrumentos notariales. Ello es debido al hecho de que el notario también era el encargado de redactar gran parte de las actas de este organismo jurisdiccional local. Este trabajo encomendado al notario se debía, sobre todo, a su doble función de notario y de escribano de la curia, como uno más de los representantes oficiales del señor principal de la villa, al lado del baile, el juez ordinario o el sayón.[283]

De esta manera, como uno de los agentes intermediarios entre la comunidad y el poder señorial, la tarea del notario en la escribanía de la curia local se confundía (además de en los manuales notariales), también en un mismo espacio físico. De esta fusión quedan huellas, incluso, en la toponimia local de la villa de Rupià, donde la fachada del imponente edificio de la notaría y escribanía curial preside la plaza llamada precisamente de la Curia.

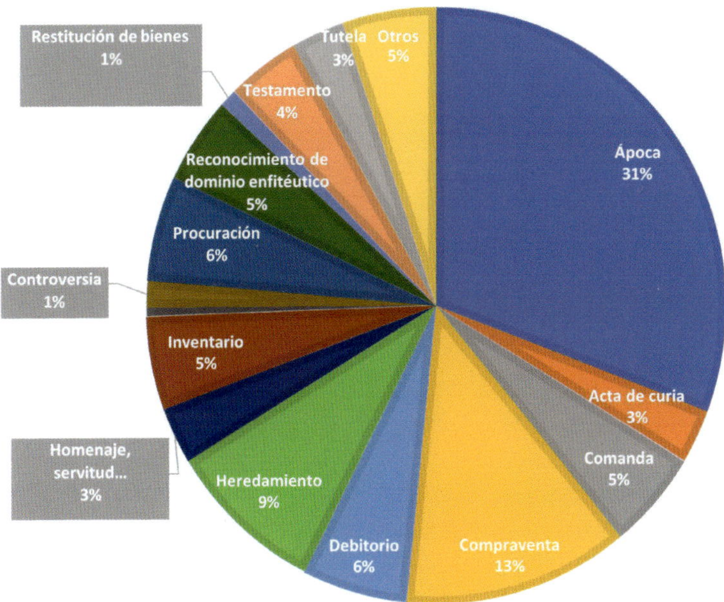

Gráfico 5. *Tipologías documentales del período analizado (agosto de 1371 - octubre de 1372)*

---

282 Lluís SALES FAVÀ. *La jurisdicció a Sabadell a la baixa edat mitjana. Edició i estudi d'un llibre de la cort del batlle (1401-1404)*. Girona: Associació d'Història Rural (Biblioteca d'Història Rural), 2019, p. 41.

283 Josep Maria MARQUÈS I PLANAGUMÀ, «El govern episcopal...», p. 142.

En definitiva, el estudio de las tipologías documentales no solo manifiesta el perfil socioeconómico de una zona eminentemente rural, sino también el arraigo del notario en su territorio de actuación y convivencia, tanto en el ámbito público de la colectividad como en el espacio más íntimo de la escritura contractual privada. Un mayor análisis de cada uno de estos tipos documentales, que hemos descartado por la extensión de este trabajo, traerá consigo importantes datos sobre el papel capital – político, económico, social y cultural – del notario en el seno de la comunidad rural.

CONCLUSIONES.

A lo largo de este trabajo se ha realizado una aproximación al funcionamiento y a la actividad de una pequeña notaría tardomedieval del norte de Cataluña, la de Rupià, cuya documentación conservada es muy considerable. La escribanía pertenecía a un lugar de dominio señorial eclesiástico, propiedad directa del obispo de Girona, y los notarios, nombrados directamente por la Mitra, actuaban por la autoridad y la fe pública que les concedía el poder episcopal.

El estudio se ha centrado, en especial, en la figura de uno de estos fedatarios, Guillem Ponç, quién, después de ejercer el oficio en La Bisbal, ostentó la titularidad de la escribanía de Rupià entre 1355 y 1374, año de su muerte. A través, sobre todo, del vaciado exhaustivo de su propia documentación notarial, ha sido posible reconstruir parcialmente su trayectoria profesional y vital, desde sus probables orígenes biológicos hasta su lecho de muerte, en el dictado del testamento. La conservación de dos inventarios de sus bienes, además, nos ha permitido ofrecer una imagen aproximada, entre otras cosas, de la distribución espacial de su casa y de la escribanía, localizadas en un mismo edificio del barrio nororiental de la villa y con continuidad durante siglos.

El objeto central de análisis, sin embargo, han sido cuatro de los protocolos notariales de este notario, dos manuales y dos libros de notas, a partir de la horquilla temporal marcada por la cronología de estos últimos: la de agosto de 1371 a octubre de 1372. Hemos visto como estos volúmenes, por lo general, presentan un buen estado de conservación y unas características externas muy similares entre ellos, a pesar de contar con algunas diferencias de formato y foliación. Por otro lado, el examen minucioso y detallado de sus características internas ha hecho posible estudiar los diferentes elementos que integran los volúmenes notariales, empezando por la misma escritura, que se enmarca dentro de los cánones de la letra gótica catalana de tipo notular, en el contexto gráfico característico de la época y del territorio. Sin embargo, han sido las diversas anotaciones insertas generalmente en los márgenes de los instrumentos las que nos han aportado más información sobre el regimiento y el funcionamiento de la escribanía, como por ejemplo el control de los documentos por parte del notario en sus distintas fases de su proceso de redacción y expedición a los clientes.

El apartado central de nuestro trabajo lo ha constituido el análisis de la actividad notarial producida en Rupià durante el período señalado, en el cual se han examinado las cuestiones relacionadas con la labor profesional del notario, como el volumen de trabajo en la notaría o la naturaleza de la clientela. La escrituración de documentos se mantiene constante a lo largo de los meses estudiados, si bien se observan pequeñas alteraciones derivadas del mismo ciclo de las tareas agrícolas. De hecho, vemos como el trabajo de Guillem Ponç cubre las necesidades contractuales de una clientela mayoritariamente campesina y local, circunscrita al término jurisdiccional de Rupià – con Parlavà y Ultramort –, con algunas injerencias de habitantes del territorio más cercano a la escribanía.

Algunos documentos específicos, como los testamentos o los inventarios, obligan a menudo al notario o a su ayudante, Ramon d'Orts, a desplazarse a los lugares de demanda y necesidad documental. Pero es en la villa de Rupià donde se redactan la mayoría de los instrumentos. En este sentido, la notaría rupianense se erige como centro notarial y polo de atracción contractual de la zona, en ausencia de otras escribanías cercanas, englobando así las exigencias documentales de los vecinos de los alrededores.

El arraigo del notario en su territorio, de esta manera, exige también la resolución de negocios elementales, derivados la mayoría del propio perfil socioeconómico de la zona. Así, el análisis de las diferentes tipologías documentales viene marcado por la existencia de los contratos más característicos del mundo rural, como las comandas de animales o todos aquellos relacionados con el régimen o la producción y explotación de la tierra. Aun así, la mayoría son tipologías comunes en todo el territorio, como por ejemplo los reconocimientos de deudas o las ápocas de diferente naturaleza, que representan una tercera parte de los documentos redactados.

El notario es también un oficial más del señor de la villa, como lo es el baile, el sayón o el juez ordinario. Como agente episcopal, el obispo encomienda a este profesional de la escritura la redacción de varios cabreos, que afirman y confirman el control señorial sobre el territorio y sus habitantes. En este sentido, el notario también participa en las principales instituciones del gobierno y de la administración episcopal de la villa, en concreto, de la curia local. En este organismo, Ponç redactará algunas de las actas y resoluciones dictaminadas por el juez - ejecutadas por el baile -, muchas de ellas localizadas entre los folios de sus propios manuales. Estas conciernen, sobre todo, a cuestiones de orden público o de derecho civil e impositivo. Con todo, se observa como el obispo utiliza a Ponç para la resolución de todo tipo de asuntos relacionados con la vida comunitaria de Rupià, incluso para cuestiones más delicadas como lo es la dirección de la población en momentos clave de peligro, como en 1365. Un hecho que, por su otro lado, nos da indicios de la propia historia de esta pequeña villa.

De esta manera, el notario se convierte en un personaje público, pero que, a la vez, se adentra en la esfera privada mediante la relación clientelar que establece con muchos de los vecinos de la villa, quiénes le confían la redacción de sus negocios e, incluso, le piden consejo. Así, lo vemos participando en la solución de todo tipo de asuntos contractuales que implican la vida de sus clientes. Muchos de los instrumentos estudiados se refieren a la constitución y a la administración de las tutelas de pupilos, dictaminadas por el juez ordinario, y que suelen resolverse con la redacción de inventarios de bienes. El notario hace acta de presencia en estos difíciles primeros años y en otros momentos clave como en la formación de nuevos matrimonios, con la escrituración de numerosos instrumentos derivados principalmente de los heredamientos. Es presente también en los últimos suspiros de la vida, en el lecho de muerte del testador, puede que ayudando a pronunciar al moribundo, de voz quebrada, sus últimas voluntades. Dentro de esta confidencialidad e intimidad de la casa particular, se redactan los inventarios *post-mortem*, en los cuales muchas de las viudas, como más tarde la representativa y ficticia Madame Bovary, abren la puerta del hogar a la injerencia notarial para dejar examinar sus ropas y sus objetos más familiares y cotidianos.

En efecto, es desde esta cotidianidad, en el contacto diario más allá de las grandes instituciones de gobierno, donde los notarios construyen, como decía el escritor Josep Pla, la historia de Cataluña, y desde donde se ganan el prestigio que les otorga una sociedad analfabeta que, como aquella cancioncilla ibicenca con la que iniciábamos este trabajo, incluso precisa de los fedatarios para escribir sus amores.

Para concluir, con este trabajo fijamos un primer paso para continuar un estudio mucho más amplio que aporte más información sobre el papel del notario en el mundo rural y su inserción en la sociedad de la Baja Edad Media. Dejando por ahora la pluma en el tintero, el camino no ha hecho más que empezar.

PROTOCOLOS NOTARIALES CONSULTADOS[284]

Signatura	Volumen	Cronología	Descripción	Notario
AHG Notarial Ru 469	Manual	1309, dic. [entre 14 y 18] - 1312, mar. 21	Ca. 100 f. + doc. sueltos.	Francesc Sanxo
AHG Notarial Ru 605	Libro de testamentos y otros contratos comunes.	[Entre 1310 y 1350 aprox.], jul. 15	4 f. Sin encuadernación.	Notario no identificado. Guillem Ponç redacta algún documento en forma pública.
AHG Notarial Ru 470	Manual	1312, oct. 24 – 1316, jun. 8	Ca. 145 f. + 43 doc. sueltos.	Francesc Sanxo
AHG Notarial Ru 468	Manual	1346, oct. 31 – 1347, ago. 10	139 f. + 5 doc. sueltos. Sin encuadernación.	Actuación de diferentes notarios. La de Guillem Ponç entre enero y marzo de 1347.

---

284 La información para la elaboración de este cuadro - excepto la de los cuatro protocolos analizados, que es nuestra - se ha obtenido de Marc AULADELL I AGULLÓ et al. *Catàleg dels protocols...*, vol I., p. 877- 884.

Signatura	Volumen	Cronología	Descripción	Notario
AHG Notarial Ru 475	Manual	1347, ago. 13 – 1348, ene. [...]	Ca. 82 f. + 6 doc. sueltos.	Bernat Oller. Guillem Ponç clausura algún documento.
AHG Notarial Ru 476	Manual	1350, ago. 9 – 1351, sep. 7	Ca. 56 f. + 10 doc. sueltos.	Guillem Ponç.
AHG Notarial Ru 604	Cabreo de posesiones de Rupià, Parlavà, Ultramort y Cassà de Pelràs a favor del obispo de Girona.	[Entre 1351 y 1428, aprox.]	f. 1-17, 20 y 31-33 + 1 doc. suelto. Sin encuadernación.	Notario no identificado.
AHG Notarial Ru 480	Libro (primero)	1355, dic. 15 – 1356, sep. 30	Ca. 155 f. + 13 doc. sueltos.	Guillem Ponç.
AHG Notarial Ru 6	Libro (segundo)	1356, oct. 3 – 1357, mar. 22	Ca. 130 f. + 12 doc. sueltos.	Guillem Ponç.
AHG Notarial Ru 493	Manual	1371, may. 16 – 1372, ene. 4	113 f. + 8 doc. sueltos.	Guillem Ponç.
AHG Notarial Ru 497	Manual	1371, dic. 27 – 1372, dic. 6	102 f. + 15 doc. sueltos.	Guillem Ponç.
AHG Notarial Ru 495	Libro	1371, jul. 25 – 1372, feb. 12	204 f. + 1 doc. suelto.	Guillem Ponç.
AHG Notarial Ru 496	Libro	1372, feb. 12 – nov. 8	208 f. + 8 doc. sueltos.	Guillem Ponç.
AHG Notarial Ru 500	Libro	1374, may. 1 – nov. 28	Ca. 190 f. + 5 doc. sueltos.	Guillem Ponç; Ramon d'Orts
AHG Notarial Ru 21	Cabreo de posesiones de Rupià y Ultramort a favor del obispo de Girona.	1358, jul. 24 – 1373, ene. 3	Ca. 165 f. + 2 doc. sueltos.	Guillem Ponç.
AHG Notarial Ru 76	Libro	1375, jul. 27 – 1376, ene. 20	Ca. 195 f. + 2 doc. sueltos.	Ramon d'Orts.

Signatura	Volumen	Cronología	Descripción	Notario
AHG Notarial Ru 125	Libro	1446, abr. 22 – 1448, dic. 5	136 f. + 11 doc. sueltos.	Ramon Nicolau.
AHG Notarial LB 1695 (1347-1349)	Libro de curia	1347, dic. 1 – 1349, abr. 8	45 f. + 2 doc. sueltos.	Francesc Ballester.

BIBLIOGRAFÍA

Actes del I Congrés d'Història del Notariat Català. Barcelona: Fundació Noguera, 1994.

Actes del II Congrés d'Història del Notariat Català. Barcelona: Fundació Noguera, 2000.

ADROER I PELLICER, M. ÀNGELS; MATAS I BALAGUER, Josep, «Sobre la propietat i la regència de les notaries a la demarcació de Girona», a *Actes del I Congrés d'Història del Notariat Català*. Barcelona: Fundació Noguera, 1994, p. 493-514.

ALLINGRI, MATTHIEU. *Le métier de notaire en Europe méridionale à la fin du Moyen Âge. Etude comparée de deux modèles régionaux (Italie communale, pays catalans, 1280-1420)*. Tesis doctoral defendida en la Université de Lyon, 2014.

AMMAN-DOUBLIEZ, CHANTAL. «Esquisse d'une histoire notariale du diocèse de Sion au Moyen Age: sources et problématique», *Vallesia*, XLVI, 1991, p. 169-204.

____, «Réflexions sur l'histoire notariale à travers le prisme valaisan (XIIIe-XVe siècles)», *Vallesia*, LXV, 2010, p. 121-142.

ANTUÑA CASTRO, ROBERTO. *Notariado y documentación notarial en el área central del señorío de los obispos de Oviedo (1291-1389)*. Tesis doctoral, Universidad de Oviedo, dirigida por Miguel Calleja Puerta, 2014.

ARAGÓ, ANTONI M., "La escribanía de Juan I", en *VIII Congreso de Historia de la Corona de Aragón*, II-2 (València, 1970), p. 269-293.

ARNALL I JUAN, M. JOSEPA; PONS I GURI, JOSEP M. *L'escriptura a les terres gironines (segles IX-XVIII)*. Girona: Diputació de Girona, 1993, 2 vols.

ARNALL I JUAN, M. JOSEPA, «Fragment d'un formulari notarial del segle XIV conservat a l'Arxiu Històric de Girona», *Acta Historica et Archaeologica Mediaevalia*, 22 (2001), p. 435-457.

AULADELL I AGULLÓ, MARC; COSTA I VIARNÉS, IMMACULADA ; MANCEBO I GARCIA, SÍLVIA ; SOLER I SIMON, SANTI. *Catàleg dels protocols del districte de la Bisbal d'Empordà*. Barcelona: Fundació Noguera, 2017, 2 vols.

AVENTÍN I PUIG, MERCÈ. *La societat rural a Catalunya en temps feudals: Vallès oriental, segles XIII-XVI*. Barcelona, Columna, 1996.

BAIG I ALEU, MARIÀ, «La vila de Terrades i la seva antiga notaria: Església, territori i propietat», *Annals de l'Institut d'Estudis Empordanesos*, vol. 35 (2002), p. 141-197.

BAIGES I JARDÍ, IGNASI J., «Les taxes dels notaris andorrans (1356)», *Acta Historica et Archaeologica Mediaevalia*, 22 (2001), p. 485-507.

BAIGES I JARDÍ, IGNASI J.; PIÑOL ALABART, DANIEL., «Las cursivas notariales catalanas en el siglo XIII», a C. del Camino (ed.), *De la herencia romana a la procesal castellana*, Sevilla: Universidad de Sevilla, Secretariado de publicaciones, 2012, p. 75- 93

BARBIERI, EZIO. *Notariato e documento notarile a Pavia. Secoli XI-XIV.* Firenze, 1990.

BARTOLI LANGELI, ATTILIO. *Notai. Scrivere documenti nell'Italia medievale*, Roma, 2006.

BATLLE I GALLART, CARME. *L'expansió baixmedieval, segles XIII-XV*, vol. III d'*Història de Catalunya*. 7a ed. Barcelona: Edicions 62, 2001.

BAUTIER, ROBERT-HENRI (dir.). *Histoire sociale et actes notariés. Problèmes de méthodologie: actes de la table ronde du 20 mai 1988.* Toulousse, 1989.

BENITO I MONTCLÚS, PERE, «Casa rural y niveles de vida en el entorno de Barcelona a fines de la Edad Media», *Col·loqui internacional "Pautes de consum i nivells de vida al món rural medieval" (Universitat de València, 18-20 de setembre de 2008)*. Disponible en línia: https://www.uv.es/consum/benito.pdf [consulta: 25 de abril 2021].

BENSCH, STEPHEN P. «Un notariat baronial: notaris i pràctiques documentals en el comtat d'Empúries al segle XIII», *Documentació Notarial i Arxius. Els fons notarials com a eina per a la recerca històrica. Jornades celebrades els dies 5 i 6 d'octubre de 2006 a l'Arxiu Històric de Girona*. Barcelona: Generalitat de Catalunya, 2007, p. 123-134.

Blasco Martínez, Asunción, "El notariado en Aragón", en *Actes del I Congrés d'Història del Notariat Català*. Barcelona: Fundació Noguera, 1994, p. 189-273.

Blasco Martínez, Rosa María. *Una aproximación a la institución notarial en Cantabria. Desde sus orígenes a la Ley del Notariado*, Santander: Universidad de Cantabria, 1990.

Bono Huerta, José. *Historia del Derecho Notarial Español*. 2 vol., Madrid, 1979 y 1982.

____, «Conceptos fundamentales de la diplomática notarial», *Historia. Instituciones. Documentos*, 19 (1992), p. 73-88.

____, «Modos textuales de transmisión del documento notarial medieval», *EHDAP*, XIII (1995), p. 75-103.

Canellas, Ángel, «El documento notarial en la legislación foral del Reino de Aragón», *Medievalia*, 10 (1992), p. 65-82.

Canellas López, Ángel; Trenchs i Òdena, Josep, «La cultura de los escribanos y notarios de la Corona de Aragón (1344-1479)», *Folia Stuttgartensia*, Saragossa, 1988.

Carreras Candi, Francesc, "Desenrotllament de la institució notarial a Catalunya en lo segle XIII", en *Miscel·lània Històrica Catalana*, 2 (1906), p. 323-360.

Casadó Ribas, Francesc Xavier, «El llegat testamentari de protocols a la ciutat de Barcelona (segle XV i primer terç del segle XVI)», en *Estudis sobre història de la institució notarial a Catalunya en honor de Raimon Noguera*, Barcelona, Fundació Noguera, 1988, p. 165-184.

Casula, Francesco Cesare. *Breve storia della scrittura in Sardegna. La "documentaria" nell'epoca aragonesa*. Cagliari, 1978.

Cebrià i Llistosella, Maria Teresa, «La notaria de Rupià, una aproximació a la seva història.», a *EHDAP*, 15 (1997), p. 59-76.

Chantrenne, A. Étude des actes notariés de Berenguer Capella (avril-novembre 1372). Mémoire de maîtrise, Université de Savoie-Chambéry, (dir. C. Guilleré), 2003, 2 vols.

Coll i Rossell, Gaspar. *Manuscrits jurídics i il·luninació. Estudi d'alguns còdexs dels Usatges i Constitucions de Catalunya i del Decret de Gracià (1300-1350)*. Barcelona: Curial Edicions Catalanes/Publicacions de l'Abadia de Montserrat, 1995 (Textos i Estudis de Cultura Catalana, 38).

Col·legi d'Advocats de Barcelona, *Constitucions y altres drets de Cathalunya*, vol. I. Barcelona: Joan Pau Martí y Joseph Llopis estampers, 1704.

COMAS I VIA, MIREIA. *Entre la solitud i la llibertat. Vídues barcelonines a finals de l'Edat Mitjana*. Roma: Viella (Col·lecció IRCVM-Medieval Cultures, 4), 2015.

COSTAMAGNA, GIORGIO. *Il notaio a Genova tra prestigio e potere*. Roma: Consiglio Nazionale del Notariato, 1970.

CRUSELLES GÓMEZ, JOSÉ MARÍA. *Els notaris de la ciutat de València: activitat professional i comportament social a la primera meitat del segle XV*. Barcelona: Fundació Noguera, 1998.

CULEBRAS DEVESA, JESÚS. *Rupià*. Girona: Diputació de Girona, 2016 (Quaderns de la Revista de Girona).

D'ARIENZO, LUISA, «Alcune considerazioni sul passagio della scrittura gotica all'Umanistica nella produzione documentaria catalana dei secoli XIV-XV», en *Studi di Paleografia e Diplomática* (Padua, 1974), p. 199-226

D.D.A.A. *Estudis sobre història de la Institució Notarial a Catalunya, en honor de Raimon Noguera*. Barcelona, Fundació Noguera, 1988.

DONAT PÉREZ, LÍDIA; MARCÓ MASFERRER, XAVIER; ORTÍ GOST, PERE, «Els contractes matrimonials a la Catalunya medieval», en ROSA ROS MASSANA (ed.). *Els capítols matrimonials. Una Font per a la història social*. Girona: CCG Edicions - Associació d'Història Rural de les Comarques Gironines, 2010, p. 19-46.

DURAN CAÑAMERAS, FÉLIX, «Notas para la historia del Notariado catalán», *EHDAP*, III (1955), p. 71-207.

____, «La fe pública y extrajudicial en Gerona», *Anales del Instituto de Estudios Gerundenses*, XII (1958), p. 301-317.

____, «El notariado en Lérida y sus comarcas», *Ilerda*, XII-XIII (1954-55), p. 139-166.

____, «Los formularios notariales en Cataluña», *Anuario de la Academia de doctores del Distrito Universitario de Barcelona*, (1966), p. 15-24.

FAGGION, LUCIEN; MAILLOUX, ANNE; VERDON, LAURE (dir.). *Le notaire: entre métier et espace public en Europe VIIIe-XVIIIe siècle*. Aix-en-Provence: Presses Universitaires de Provence, 2008.

FARÍAS ZURITA, VÍCTOR. *El mas i la vila a la Catalunya medieval: els fonaments d'una societat senyorialitzada (segles XI-XIV)*. València: Universitat de València, 2009.

Ferrer i Mallol, Maria Teresa; Riera Sans, Jaume, «La successió notarial i el traspàs de protocols en terres catalanes a la Baixa Edat Mitjana.», *EHDAP*, IV (1974), p. 395- 428.

Ferrer i Mallol, Maria Teresa, «La redacció de l'instrument notarial a Catalunya. Cèdules, manuals, llibres i cartes», *EHDAP*, IV (1974), p. 29-192.

____, «Notariat laic contra notariat eclesiàstic. Un episodi entre ambdós a Girona (1374- 1380)», *EHDAP*, V (1977), p. 19-34.

____, «Cartes i bitllets privats en els manuals del notari barceloní Narcís Guerau Gili (segle XV)», *Estudis universitaris catalans*, vol. 24 (1980), p. 197-218.

____, «L'expansió d'una regalia al començament del segle XIV: el notariat reial» *Estudis Històrics i Documents dels Arxius de Protocols*, XIII (1995), p. 55-74.

____, «L'instrument notarial (segles XI-XV)», a *Actes del II Congrés d'Història del Notariat Català*. Barcelona: Fundació Noguera, 2000, p. 29-88.

Figa Faura, Luis, «Los formularios notariales y la formación del notario en Cataluña», *Anales de la Academia Matritense del Notariado*, XXII, I (1978), p. 319-333.

Fumanal i Pagès, Miquel Àngel, «Un segle i mig d'escrivans i notaris al vescomtat de Bas (ca. 1211-1356)», *EHDAP*, XXXI (2013), p. 7-34.

Garcia, Honori, «Reflexiones sobre la manera de investigar la Historia del Notariado», *La Notaría*, LXXXII (1947), p. 383-390.

____, «Contribución al estudio histórico del notariado español. El notariado en Vich durante la Edad Media», *La notaría*, p. 69-83 y 258-291.

____, «Notas para los prolegómenos a la Historia del Notariado Español (tiempos anteriores a la Reconquista)», *EHDAP*, 11 (1950), p. 121-150.

Garcia Cárcel, Ricardo; Martínez Ruíz, Mª Vicenta. *Población, jurisdicción y propiedad del obispado de Girona. Siglos XIV-XVII*. Girona: Publicaciones del Colegio Universitario de Gerona, nº 2, 1976.

García Granero, Juan, «Formularios notariales de los siglos XIII al XVI», *Anales de la Academia Matritense del Notariado*, XXII, I (1978), p. 227-286.

Gifre i Ribas, Pere; Soler i Simon, Santi. *Patrimoni i Arxiu. Inventari del fons patrimonial Caramany de Corçà. Segles XIII-XX*. Bisbal d'Empordà: Ajuntament de la Bisbal d'Empordà, 1996.

Gigliola Di Renzo, Maria, "Per una storia del notariato nell'Italia centro- settentrionale", en Mathias Schmoeckel; Werner Schubert. *Handbuch zur Ges-*

chichte des Notariats der europäischen Traditionen. Baden-Baden: Nomos Verlagsgesellschaft, 2009, p. 15-64.

GIMENO BLAY, FRANCISCO M. *La escritura gótica en el País Valenciano después de la conquista del siglo XIII.* València: Universitat de València, 1985.

GUILLERÉ, CHRISTIAN. *Girona al segle XIV.* Girona: Ajuntament de Girona/Publicacions de l'Abadia de Montserrat, 1993, 2 volúmenes.

____, "Le notariat catalan au XIVe siècle à travers l'exemple géronais: structures, production et clientèles", en LUCIEN FAGGION; ANNE MAILLOUX; LAURE VERDON (dir.). *Le notaire: entre métier et espace public en Europe VIIIe-XVIIIe siècle.* Aix-en-Provence: Presses Universitaires de Provence, 2008, p. 67-84.

GUILLERÉ, CHRISTIAN; PINTO, ANTONY, «Bailan des recherches sur le notariat géronais (XIIIe-XVe siècles)», en *Documentació notarial i arxius. Els fons notarials com a eina per a la recerca històrica. Jornades celebrades els dies 5 i 6 d'octubre de 2006 a l'Arxiu Històric de Girona.* Barcelona: Generalitat de Catalunya, 2007, p. 35-69.

GUNZBERG MOLL, JORDI, «La participación de los notarios en las principales instituciones barcelonesas (siglos XIV-XV)», *Barcelona Quaderns d'Història,* núm. 5 (2001), p. 47-56.

IGLESIAS I FONSECA, JOSEP ANTONI. *Llibres i lectors a la Barcelona del segle XV. Les biblioteques de clergues, juristes, metges i altres ciutadans a través de la documentació notarial (anys 1396-1475).* Barcelona: Publicacions de la Universitat Autònoma de Barcelona, 1996.

LAFFONT, JEAN LUC, «Histoire du notariat ou histoire notariale? Eléments pour une réflexion épistémologique», en *Notaires, notariat et société sous l'ancien régime.* Toulouse, 1990, p. 51-60.

____, *Problèmes et méthodes d'analyse històriques de l'activité notariale (XVe-XIXe siècles).* Toulouse: Presses universitaires du Mirail, 1991.

LEFEUVRE, PHILIPPE, "Le notariat rural du contado florentin. Chianti, Valdarno supérieur et Val di Pesa (XIIe-XIIIe siècles)", en X. HERMAND; J-F. NIEUS; É. RENARD (eds.). *Le scribe d'archives dans l'Occident médiéval: formation, carrières, réseaux.* Turnhout: Brepols Publishers, 2019, p. 315-342.

LLIBRER ESCRIG, JOSEP ANTONI. «L'origen d'una nissaga de notaris valencians. Els Dassió al segle XV: de l'escrivania rural al notariat urbà.», *EHDAP, XXIX* (2011), p. 43-61.

____, «El notari Guillem Peris i la seua especialització artesanal: el reflex d'una societat en transformació al segle XV», *EHDAP*, XXXI (2013), p. 117-145.

MALLORQUÍ GARCIA, ELVIS. *Les gavarres a l'edat mitjana. Poblament i societat d'un massís del nord-est català.* Girona: CCG Edicions (Associació d'Història Rural de les Comarques Gironines), 2000 (Biblioteca d'història rural. Estudis, 2).

____, «Fonts per a una història global del món rural: pergamins, capbreus, registres episcopals i llibres notarials», en *Documentació notarial i arxius. Els fons notarials com a eina per a la recerca històrica. Jornades celebrades els dies 5 i 6 d'octubre de 2006 a l'Arxiu Històric de Girona.* Barcelona: Generalitat de Catalunya, 2007, p. 159-170.

____, *Parròquia i societat rural al Bisbat de Girona.* Barcelona: Fundació Noguera, 2011.

MANTEGNA, CRISTINA, «Notai e scrittura a Piacenza: a proposito di notizie dorsali e imbreviature», *Scrineum Rivista*, 5 (2008), pp. 2-15.

MARQUÈS I PLANAGUMÀ, JOSEP MARIA. *Pergamins de la Mitra (891-1687): Arxiu Diocesà de Girona.* Girona: Generalitat de Catalunya. Servei d'Arxius: Patronat Francesc Eiximenis, 1984.

____, «Clàusules d'evicció d'alguns notaris gironins del segle XIII», a *Arxiu de Textos Catalans Antics* (Barcelona), 3 (1984), p. 13-27.

____, «El govern de la diòcesi i de la bisbalia de Girona (1334-1362)», *Estudis del Baix Empordà*, 12 (1993), p. 85-105.

____, «El govern episcopal de la Bisbal», *Estudis del Baix Empordà*, 14 (1995), p. 137-149.

____, *El Cartoral de rúbriques vermelles de Pere Rocabertí, bisbe de Girona (1318- 1324).* Barcelona: Fundació Noguera, 2009 [edición a cargo de Jaume de Puig i Oliver y Albert Serrat i Torrent].

MAYANS I PLUJÀ, ANTONI; PUIGVERT I GURT, XAVIER. «Les fonts notarials a les comarques gironines, Descripció, conservació i recerca», en *Documentació Notarial i Arxius. Els fons notarials com a eina per a la recerca històrica. Jornades celebrades els dies 5 i 6 d'octubre de 2006 a l'Arxiu Històric de Girona.* Barcelona: Generalitat de Catalunya, 2007, p. 11-34.

MIRAMBELL BELLOC, ENRIC, "Documentación notarial gerundense del último tercio del siglo XIII", en *XI Congresso di Storia della Corona d'Aragona*, Palermo:

Comisión Permanente de los Congresos de Historia de la Corona de Aragón, Accademia di Scienze, Lettere e Arti di Palermo, 1984, p. 421-425.

____, «Els protocols notarials històrics de Castelló d'Empúries», *Annals de l'Institut d'Estudis Empordanesos*, vol. 12 (1977), p. 215-246..

____, «Els protocols notarials històrics de Peralada», *Annals de l'Institut d'Estudis Empordanesos*, vol. 15 (1981-1982), p. 137-159.

____, «Els protocols notarials històrics del districte de Figueres», *Annals de l'Institut d'Estudis Empordanesos*, vol 16 (1983), p. 91-133.

MOLINÉ IiBRASÉS, ERNEST, «Inventari i encant dels béns d'un notari barceloní», *Boletín de la Real Academia de Buenas Letras de Barcelona*, X (1921), p. 277-284 i 425-426.

MORENO CLAVERÍAS, BELÉN. *Els inventaris post-mortem. Una font per a la història econòmica i social.* Girona: Associació d'Història Rural de les Comarques Gironines (Biblioteca Història Rural), 2018.

MUSARRA, ANTONIO, «Scrivere sulle galee. Notai e scribi di bordo a Genova tra XIII e XIV secolo», *Itineraria*, 11 (2012), p. 101-125.

NOGUERA DE GUZMAN, RAIMON. *Los notarios de Barcelona en el siglo XVIII.* Barcelona: Colegio Notarial, 1978.

____, «La doble redacción de los antiguos documentos notariales de Cataluña, *Anales de la Academia Matritense del Notariado*, XII (1978), p. 335-356;

NOGUERA DE GUZMAN, RAIMON; MADURELL I MARIMON, JOSEP MARIA. *Privilegios y ordenanzas históricos de los notarios de Barcelona.* Barcelona, 1965.

____, *Notariado público y documento privado: de los orígenes al siglo XIV. Actas del VII Congreso Internacional de Diplomática (Valencia, 1986).* València: Generalitat Valenciana, Conselleria de Cultura, Educació i Esport, 1989, 2 volúmenes.

OSTOS-SALCEDO, PILAR, "Los escribanos públicos y la validación documental", en REMEDIOS REY DE LAS PEÑAS (coord.). *La validación de los documentos: pasado, presente y futuro: octavas jornadas archivísticas.* Huelva: Diputación Provincial de Huelva, 2007, p. 27-42.

____, (coord.). *Práctica notarial en Andalucía, siglos XIII-XVII.* Sevilla: Universidad de Sevilla, 2014.

____, "Aproximación a los escribanos públicos de Sevilla durante la segunda mitad del siglo XIV", en MIGUEL CALLEJA PUERTA; MARIA LUISA DOMÍNGUEZ GUE-

RRERO (coord.). *Escritura, notariado y espacio urbano en la Corona de Castilla y Portugal (siglos XII-XVII).* Trea, 2018, p. 141-155.

OSTOS SALCEDO, PILAR; PARDO RODRÍGUEZ, MARIA LUISA (ed.). *El notariado andaluz en el tránsito de la Edad Media a la Edad Moderna.* Sevilla: Ilustre Colegio Notarial, 1995.

PAGAROLAS I SABATÉ, LAUREÀ, «Recull d'anotacions esparses dels protocols medievals barcelonins», a *Estudis sobre història de la institució notarial a Catalunya en honor de Raimon Noguera.* Barcelona: Fundació Noguera, 1988, p. 61-90.

____, «Notaris i auxiliars de la funció notarial a les escrivanies de la Barcelona medieval», *Lligall* (Barcelona), 8 (1994), p. 53-72.

PARDO RODRIGUEZ, MARÍA LUISA. *Señores y escribanos: el notariado andaluz entre los siglos XIV y XVI.* Sevilla: Universidad de Sevilla, Secretariado de Publicaciones, 2002.

____, «Lo privado y lo público. Juan Álvarez de Alcalá, escribano del número de Sevilla (1500-1518)», en ENRIQUE VILLALBA PÉREZ; EMILIO TORNÉ VALLE (eds.). *El nervio de la república: el oficio de escribano en el Siglo de Oro.* Madrid: Calambur, 2010, p. 15-53.

____, (coord.). *Iglesia y Escritura en Castilla. Siglos XII-XVII.* Sevilla: Editorial Universidad de Sevilla, 2019

PETRUCCI, ARMANDO. *Alfabetismo, escritura, sociedad.* Barcelona: Gedisa, 1999.

PIERGIOVANNI, VITO (coord.), *Il notaio e la città. Essere notaio. I tempi e i luoghi (secc. XII-XV). Atti del Convegno di studi storici (Genova, 9-10 novembre 2007).* Genova: Giuffrè, 2009.

____, "A proposito di alcuni recenti contributi alla storia del notariato in Europa", en Vito Piergiovanni. *Norme, scienza e patrica giuridica tra Genova e l'Occidente medievale e moderno,* "Atti della Società Ligure di Storia Patria, nuova serie", LII/1-2 (2012), p. 1401-1408.

PINTO, G.; TANZINI, L. TOGNETII, S. *"Notarium itinera". Notai toscani del basso Medioevo tra routine, mobilità e specializzazione.* Firenze: Olschki (Biblioteca Storica Toscana, 78), 2018.

PIÑOL ALABART, DANIEL, «Abreviaturas notariales en el "Camp de Tarragona" en la Baja Edad Media», *Butlletí Arqueològic, Reial Societat Arqueològica Tarraconense,* 19-20 (1997-1998), p. 257-270.

____, «Pere Sabater, notari de Tarragona i lletrat (segle XV)», *Estudis Històrics i Documents dels Arxius de Protocols*, 17 (1999), p. 125-152.

____, *El notariat públic al Camp de Tarragona. Història, activitat, escriptura i societat (segles XIII-XIV)*. Barcelona: Fundació Noguera, 2000.

____, «Notaris i cultura escrita al Camp de Tarragona: l'escriptura gòtica en els manuals notarials (segles XIII-XIV)», *Acta Historica et Archaeologica Mediaevalia*, 25 (2003-2004), p. 655-673.

____, «La autoridad de los notarios en la Edad Media: nominación y práctica. La Corona de Aragón», en Piñol Alabart, Daniel (coord.). *La 'auctoritas' del notario en la sociedad medieval: nominación y prácticas*. Barcelona: Trialba, 2015, p. 75-104.

____, «Formularios notariales en las notarías de la diòcesis de Tarragona (siglos XIII-XIV)», a Guyotjeannin, Olivier; Morelle, Laurent; Scalfati, Silio P. *Les formulaires: compilation et circulation des modèles d'actes dans l'Europe médiévale et moderne. XIIIe congrès de la Commission internationale de diplomatique. París, 3-4 septembre 2012*. París: École nationale des chartes, 2016, p. 87-104.

____, *Escriure a l'edat mitjana: poder, gestió i memòria*. Barcelona: Universitat de Barcelona Edicions, 2018.

____, «Documentación y comercio: la actividad notarial en Catalunya en la Baja Edad Media», en Mantegna, Cristina; Poncet, Olivier. *Les documents du commerce et des marchands entre Mogen Âge et époque moderne (XIIe-XVIIe siècle)*. Roma: École Française de Rome, 2018, p. 95-115.

Poisson, Jean-Paul, «Pour une étude de l'activité notariale au Languedoc sous l'Ancien Régime: les exemples de Toulouse et de Montpellier au milieu du XVIIIe siècle», *Le Gnomon, Revue internationale d'histoire du notariat*, 55 (1987), p. 27-31.

____, *Notaires et société. Travaux d'histoire et de sociologie notariales*, 2 vols., Paris, 1985 i 1990.

____, *Etudes notariales*. Paris, 1996.

____, *Essais de notariologie*. Paris, 2002.

Pons Alós, Vicent, «Los notarios valencianos en época de Pedro IV y Juan I (1351-1396). Aproximación a su prosopografía», *EHDAP*, XXX (2012), p. 31-86.

_____, «*"Me fonc donada la autoritat de notari".* La consolidación de la 'auctoritas notariae' en Valencia en el reinado de Martín el Humano (1396-1410)», en PIÑOL ALABART, DANIEL (coord.). *La 'auctoritas' del notario en la sociedad medieval: nominación y prácticas.* Barcelona: Trialba, 2015, p. 105-146.

_____, *Los notarios y su documentación. Diplomática notarial valenciana.* València: Publicacions de la Universitat de València, 2022.

PONS I GURI, JOSEP MARIA. *Les col·leccions de costums de Girona.* Textos i documents, 16, Fundació Noguera, Barcelona, 1988.

_____, «El conflicte de la notaria de Girona», en *Recull d'estudis d'història jurídica catalana.* Barcelona, Fundació Noguera, Textos i Documents, 1989, vol. I, p. 33-93.

_____, «Taxacions dels salaris de notaris i escrivans en jurisdiccions baronials de les terres gironines (Palafrugell, Bàscara, Caldes de Malavella, Llagostera, Cassà de la Selva i vescomtat de Cabrera)», en *Recull d'estudis d'història jurídica catalana.* Barcelona, Fundació Noguera, Textos i Documents, 1989, vol. I, p. 97-157.

_____, «Algunes orientacions per a la utilització dels fons de seccions històriques en districtes notarials», en *Recull d'estudis d'història jurídica catalana.* Barcelona, Fundació Noguera, Textos i Documents, 1989, vol. I, p. 161-189.

_____, «Característiques paleogràfiques dels llibres notarials catalans fins el 1351», en *Recull d'estudis d'història jurídica catalana.* Barcelona, Fundació Noguera, Textos i Documents, 1989, vol. I, p. 193-218.

_____, «Les taxacions dels salaris de notaris i escrivans al terme del castell de Palafrugell», *L'Estoig* [Palafrugell: Arxiu i Museu de Palafrugell], núm. 1 (1989), p. 31-50.

_____, «Llibres notarials catalans», *Rubrica. Trivium, Quadrivium, Studium* IV (1990), p. 97-109.

_____, «De l'escrivent al notari i de la ''charta'' a l'instrument. Recepció dels usos notarials itàlics a Catalunya», *Lligall, Revista catalana d'arxivística,* 7 (1993), p. 34- 93.

_____, «Un fragment de còdex esdevingut coberta de manual notarial», *EHDAP,* XIII (1995), p. 47-53.

PUCHADES I BATALLER, RAMON JOSEP, «El notari valencià baixmedieval: exemple de la posició i percepció social de la professió notarial en l'occident mediterrani dels segles XIII, XIV i XV», *EHDAP,* XVI (1998), p. 87-122.

____, *Als ulls de Déu, als ulls dels homes: estereotips morals i percepció social d'algunes figures professionals en la societat medieval valenciana*. València: Universitat de València, 1999.

PUIG I ALEU, IMMA. *Una visita pastoral al Baix Empordà als anys 1420-1423*. Barcelona: Fundació Noguera, 2006.

RAMOS MERINO, JUAN LUIS. *Iglesia y notariado en la Castilla bajomedieval. La Catedral de Burgos (1315-1492)*. Madrid: La Ergastula, 2012.

REDON, ODILE, «Le notaire au village. Enquête en pays siennois dans le deuxième moitié du XIIIe siècle et au debut du XIVe siècle.», en *Champagnes médiévales: l'homme et son espace (études ofertes à Robert Fossier)*. Paris: Publications de la Sorbonne, 1995, p. 667-680.

REDONDO GARCÍA, ESTHER. *El fogatjament general de Catalunya de 1378*. Barcelona: Consell Superior d'Investigacions Científiques, 2002.

RICHOU I LLIMONA, MONTSERRAT, «Economia i societat en els registres notarials: la clientela dels capítols matrimonials del notari barceloní Miquel Franquesa (1458- 1482)», *EHDAP*, 28 (2010), p. 61-142.

RIERA I PAIRÓ, ALBERT, "L'exercici de notaria a la senyoria episcopal de Bàscara (segle XIV). Una primera aproximació", en *Patrimoni i Història local. Jornades d'homenatge a Lluís Esteve i Cruañas*. Sant Feliu de Guíxols: Ajuntament de Sant Feliu de Guíxols, 1996.

ROCCATAGLIATA, ANTONIO. *Notai Genovesi in Oltremare. Atti rogati a Pera e Mitilene, tomo I, Pera (1408-1490)*. Genova, 1982 (Collana storica di fonti e studi diretta da Geo Pistarino, 34/1).

ROS MASSANA, ROSA (ed.). *Els capítols matrimonials. Una Font per a la història social*. Girona: CCG Edicions - Associació d'Història Rural de les Comarques Gironines, 2010.

ROVERE, ANTONELLA, "L'organizzazione burocratica: uffici e documentazione", en *Genova, Venezia, il Levante nei secoli XII-XIV. Atti del Convegno Internazionale di Studi. Genova-Venezia, 10-14 marzo 2000* («Atti della Società Ligure di Storia Patria, nuova serie», XLI/1, 2001), p. 103-128.

____, "Cancelleria e documentazione a Genova (1262-1311)", en D. PUNCUH. *Studi in memoria di Giorgio Costamagna*, «Atti della Società Ligure di Storia Patria, nuova serie», XLIII/1 (2003), p. 909-942.

Rubió i Serrat, Abel, «La notaria i escrivania dels termes de Rupit i Fornils (1308-1835): aproximació i particularitats d'una notaria de jurisdicció senyorial», *EHDAP*, XXXII (2014), p. 79-112.

Sabaté Curull, Flocel, «Els objectes de la vida quotidiana a les llars barcelonines al començament del segle XIV», *Anuario de Estudios Medievales*, 20 (1990), p. 53-108.

Sales i Favà, Lluís. *Custodiar, pasturar i engreixar. Els inicis de la ramaderia comercial al massís de les Gavarres (segle XIV)*. XXVIè premi Joan Xirgo, 2016.

____, *La jurisdicció a Sabadell a la baixa edat mitjana. Edició i estudi d'un llibre de la cort del batlle (1401-1404)*. Girona: Associació d'Història Rural (Biblioteca d'Història Rural), 2019.

Santamaría Tous, Victorino. *Estudios Notariales: contribución á la historia del Notariado en Cataluña*. Barcelona: Impr. La Renaixença, 1917.

Sarazin, Jean-Yves. *Bibliographie de l'histoire du notariat français (1200-1815)*. Paris: Lettrage Distribution, 2004.

Saura Nadal, Jordi, «Las tasas notariales de una villa catalana bajomedieval (La Bisbal d'Empordà, 1321)», *Studi di storia medioevale e di diplomatica – Nuova Serie*, 5 (2021), p. 67-85.

Saurí i Ros, M. Concepció; Soler i Simon, Santi. *Història del Baix Empordà*. Girona: Diputació de Girona, 2006 (Història de les Comarques Gironines, vol. IV).

Soldevila Temporal, Xavier, «La notaria de Torroella de Montgrí abans de 1348», en *Actes del II Congrés del Notariat Català*. Barcelona: Fundació Noguera, p. 503-516.

____, «La ramaderia ovina i el comerç de la llana a Torroella de Montgrí (1290-1340)», *Estudis d'Història Agrària*, 14 (2000-2001), p. 63-90.

____, «L'endeutament a la plana del baix Ter als segles XIII i XIV», en *Documentació notarial i arxius. Els fons notarials com a eina per a la recerca històrica. Jornades celebrades els dies 5 i 6 d'octubre de 2006 a l'Arxiu Històric de Girona*. Barcelona: Generalitat de Catalunya, 2007, p. 141-158.

____, «Crédito y endeudamiento popular en el Ampurdán (ca. 1300-1348)», en Monique Bourin; François Menant, Lluís To Figueras (coord.). *Dynamiques du monde rural dans la conjoncture de 1300: échanges, prélèvements et consommation en Méditerranée occidentale*. Roma: École française de Rome, 2014, p. 469-491.

_____, «El mercat del gra en una parròquia rural tres-centista. Rupià, 1309-1319», comunicación presentada en *Cultius, especialització i mercats. X Congrés sobre sistemes agraris, organització social i poder local (Alguaire, 4-6 de abril de 2019)*, disponible en línea: http://www.sistemesagraris.udl.cat/X-Cultius_fitxers/Pdf/S1-%20Soldevila,%20Xavier%20MG.pdf [consulta: 25 de abril 2021].

TRENCHS ODENA, JOSEP, «Bibliografia del notariado en España (siglo XX)», *EHDAP*, IV (1974), p. 193-237.

TURULL RUBINAT, MAX, «Antoni Toldrà (notari del segle XIV) i la ''Summa Rolandina''», *Miscel·lània Cerverina* (Cervera), 6 (1988), p. 27-51.

VALLS TABERNER, FERRAN, «Un formulari jurídic del segle XII», *Anuario de Historia del Derecho Español*, III (1926), p. 508-517.

ZAGNI, LUISA, «La redazione dei protocolli notarili a Milano nel secolo XIV», *Studi di Storia Medioevale e di Diplomatica*, 7 (1982), p. 43-53.

APÉNDICE DOCUMENTAL

Documento 1.

[1374], julio 19. Rupià.

Testamento. *Guillem Ponç, notario de Rupià, dicta su último testamento, que han de ejecutar los albaceas Gerard Celrà, Bernat Marquès, Ramon Ponç y su mujer Graïda. Elige sepultura en el cementerio de la villa. Declara al mencionado Marquès tutor de sus dos hijos pupilos, Beatriu y Guillem, y a este último lo instituye su heredero universal.*

AHG Ru 500, f. 47r-48v.

In nomine Patris, et Filii et Spiritus Sancti, amen. Ego, Guillelmus Poncii, notarius, detentus infirmitate de qua me mori timeo morte corporali, cum bono sensu plenaque memoria et integra loquela ordino et conpono meam ultimam voluntatem ac condo, facio meum ultimum testamentum, in quo eligo atque pono meos manumissores et etiam executores huius mei ultimi testamenti videlicet venerabilem et discretum Geraldum Cilrani, rectorem capelle Beate Marie castri de Fuxano et confessorem meum, et sacristanum ecclesie Sancti Vincencii de Rupiano qui nunc est et pro tempore fuerit, et Bernardum Marchesii, de Monellis, generum meum, et Raimundum Poncii, de Talliata, fratrem meum, licet absentes, et dominam Grahidam, uxorem meam, presentem, quibus duobus ipsorum, de quibus unus sit Bernardus Marquesii, dono plenum et liberum posse omnia bona mea ad manus suas accipiendi et de eisdem vendendi et disctribuendi quot et quantitatem sufficientem ad solvendum omnia debita que debeo et legata omnia infrascripta exsolvendi et distribuendi in primis quidem et ante omnia iubeo et mando exsolvi manumissoribus [espai blanc] Alomarii, sacriste, quondam, de Rupiano, centum quinquaginta solidos in quibus eis tenere pro precio hospicii in quo nunc maneo quod fuit dicti Alomarii. Item iubeo exsolvi omnia que legata parvim in hec meo testamento facta et fienda.

In primis / quidem iubeo corpus meum sepelliri in cimiterio ecclesie Sancti Vincencii de Rupiano, cuius sum parrochianus, qui ecclesie dimito cum suis clericis quinque solidos in sepulture mee.

Item dimito sacriste dicte ecclesie, pro melioramento, XII denarios.

Item dimito cereis ardentis in ecclesie Sancti Vincencii de Rupiano, quem Corpus Domini Nostri Ihesus Christi in dicta ecclesia perpeatur, quinque solidos.

Item dimito candele Beate Marie de Rupiano XII denarios annuorum dicti.

Item dimito cuilibet retulorium et lampadarum dicte ecclesie XII denarios annualium dicti.

Item dimito pro missis ob remedium anime mee in die sepulturem mee cuilibet presbitero qui interficiter dicte mee sepulture, duodecim denarios pro quibus teneantur quilibet presbiter *ater* Dominum intercedere pro anima mea.

Item dimito fieri unum *novenal*, novem missarum scilicet quam a die sepulture mee usque ad novem die dicte mee sepulture unus presbiter celebret sine aliquo intervallo unam missam deffunctorum, et dictus presbiterus absolvat qualibet die super tumultum meum et detur dicto presbitero pro qualibet die XII denarios pro oblacionum, de bonis meis.

Item dimito pro missis in dicta ecclesia de Rupiano celebrandis ob remedium animarum mei et donna Alaydis, quondam, primam uxorem meam, viginti solidos.

Item dimito pro missis celebrandis ob remedium anime donne Beatricis, matris mea, quondam, in ecclesia Sancti Stephani de Maranyano, decem solidos.

Item dimito pro missis celebrandis in ecclesia Sancti Iuliani de Virginibus ob remedium anime domini Guillermi Poncii, quondam, patris mei, X solidos.

Item dimito pro missis celebrandis ob remedium animarum parentum meorum et mei in ecclesia Sancte Marie de Talliata celebrandis, viginti solidos.

Item recognosco domine Grahide, uxori mea,[285] dotem suam et lucrum nupciali pro ut continentur in nuptie instrumentis inter me et ipsam confectis; et dimito dictam donnam Grahidam, uxorem meam, dominam et potentem de omnibus bonis meis una cum herede meo universali infrascripto dum tamen vixerit caste et fecerit negocia dicti heredis mei utiliter atque boni, ita que de ipsis bonis provideatur sibi et heredi meo universali infrascripto iuxta possem et facultates ipsorum bonorum meorum.

Item dimito iure institucionis et pro hereditate et legitima paterna Beatrice, filie mee, tres mille solidos sibi solvendos per terminos et soluciones iuxta posse et facultate bonorum meorum requisicioni dicti Bernardi Marquesii et aliorum amicorum proximiorum suorum et in hiis ipsam Beatricem, filiam meam, mei heredem instituo, salvo quod si ipsa Beatrix obierit infra pupillarem etatem vel postea quandocumque sine prole legitima vel cum prole legitima que non perveniat ad etatem condendi testamenti substituo sibi in dicto legato heredem meum universalem infrascriptum, salvis dicte filie mee si venerit ad etatem condendi testamentum trecentis solidis, de quibus ipsos centum possit condere.

Item dimito pro missis celebrandis in capella Sancti Andree de Stagno de Occulostricto ob remedium animarum comfratorum confrarie dicti Sancti Andree deffunctorum, viginti solidos si ipsis animabus dictorum comfratrum tenere et si non tenere pro omnibus confratribus dicte confratrie celebrentur.

Item volo et iubeo quod de bonis meis solvantur in melioramentis dicte comfrarie quinque solidos, in quibus dicte comfrarie tenere ex / pacto unius morabatinus auri a predictis X solidis quem alios quinque solidos dicte confratrie exsolvi.

Item dimito domine Caterine, filie mee uxorisque dicti Bernardi Marquesii de Monellis, iure institucionis et in suplementum sue hereditatis ultra ea que sibi dedi tempore suarum nuptiarum quinque solidos et in hiis et aliis que tempore sui matrimonii sibi dedi iure institucionis ipsam mihi heredem instituo, salvis mihi et remaneabus illesis condicionibus et retencionibus parvi apponitis et rececitis tempore sui matrimoni in instrumento donacionis per me sibi facto.

Item dimito Matheo Cilrani, mancipio meo, in remuneracione serviciorum mei factorum novem florenos auri de Aragonia.

Item omnia alia bona mea mobilia et immobilia quecumque sint et ubicumque dimito Guillermo, filio meo, et ipsium Guillermum, filium meum, heredem meum universalem facio, salvo quod superius sum testatus, et etiam salvo quod si dictus

---

285 *Sigue* donna, *tachado.*

Guillermus, filius meus, obie[r]it infra pupillarem etatem vel postea quandocumque sine prole legitima vel cum prole legitima que non perveniat ad etatem condendi testamenti, in utroque dictorum casum substituo sibi et mihi instituo in heredem dictam Beatricem, filiam meam, si tunc vixerit, salvo dicto Guillermo filio sua hereditate et legitima paterna et quarta trabellianita si qua de dicta hereditate distrahere possit suo *iure*.

Et nisi tunc dicta Beatrix vixerit vel vixerit et postea obie[r]it sine prole legitima vel cum prole legitima que non pervenerit ad etatem condendi testamentum in utroque dictorum casum substituo mihi instituo[286] heredem meam dictam Caterinam si tunc vixerit, et si tunc vixerit vel vixerit et obierit sine prole legitima vel cum prole legitima que non perveniat ad etatem condendi testamentum, substituo sibi et mihi instituo dictum Raymundum Poncii, fratrum meum, si tunc vixerit et si tunc vixerit vel vixerit et obierit sine prole legitima vel cum prole legitima que non perveniat ad etatem condendi testamentum substituo sibi mihi in ipso tamen heredes pauperes Christi quibus ipso causa dividantur et distribuentur per reverendum dominum Episcopum Gerundem, pro ut ipso domino Episcopo videbitur fore melius ordinendum ad salutem civiviarum mei et pro cuncti et benefactorum[287] meorum.

Preterea ego, auctoritate huius mei testamenti, in quantum de iuce possum dono et constituo et decerno in tutorem dictis filiis meis in quantum in pupillare etate constituti fuerint in tutorem et in quantum in adulta etate conscienti fuerint in tutorem dictum Bernardum Marquesii, generum meum et cognatum dictorum pupillorum, et dictum Bernardum Marquesii in tutorem dono, ipsum depertendo ac in domino exortando quatenus dictos pupillos filios meos custodiat, manuteneat et nutriat diligenter ac bona eorumdem deffendat, manuteneat et [*mull*]tiplicet iuxta posse. Et de eorum[288] bonis inventarium faciat a tempore finite tutele, compotum et racionem reddat et reliqua restituat et alia omnia faciat que tutor testamentarius facere, debere et tenere de iure.

Et hec quod sit meam ultimam voluntatem, quam laudo et aprobo et quam volo valere iure testamenti, que si non valete iure testamenti, volo saltim quod valeat / iure codicillorum vel iure cuiuslibet alterius mea ultime voluntatis quo nulus de iure valeat possit in eternum.

Actum Rupiani XIX die iulii.

---

286   *Sigue* instituo, *tachado.*

287   *Sigue una letra* i, *tachada.*

288   *Interlineado encima de la palabra* dictorum, *tachada.*

Testes huius rei vocati et rogati sunt Petrus Romaguera et Petrus eius filius, Berengarius Vitalis, çabaterius, Berengarius Iohannis, Petrus Iohanis, Petrus Bernardus, Petrus Alamani, fabri, Arnaldi de Gardia, clericus, omnes de Rupiano.

Documento 2.

1374, agosto 3. Rupià.

Inventario. *Bernat Marquès, de Monells, tutor testamentario de los pupilos Guillem y Beatriu, hijos del difunto Guillem Ponç, notario de Rupià, y confirmado en la tutoría por el juez ordinario de la curia local, ordena hacer inventario de los bienes de los pupilos, los cuales se encuentran en la casa del difunto.*

AHG Ru 500, f. 73r-74r.

Cum ob doli maculam evitandam et ad omnem dubium removendum ne bona pupillorum depereant tutores et curatores necnon alii qui bona regunt aliena teneantur facere inventarium seu repertorium de bonis et rebus qui et quos inveniunt in hereditatem illorum quorum in se tutelam sive curam suscripsint sive gerunt; idcirco, sig+no venerabilis sante crucis perpetuo ego, Bernardus Marchesii de Monellis, tutor testamentarius Guillermi et Beatricis, filiis Guillermi Poncii, quondam, notario de Rupiano, et a domino Galcerando de Castellis, iudice ordinario dicti castri et eius terminorum confirmato, in presencia notarii et testium subscriptorum ad hoc specialiter vocatorum et rogatorum infra tempus legitimum postque fui datus tutor incepi facere et feci inventarium seu repertorium de omnibus bonis et rebus dictorum pupillorum que inveni:

Primo hospicium in quo dicti pupilli inhabitant cum domibus eidem contiguis, quod est intus muros forcie de Rupiano pro ut confrontatur ab oriente et a circio in dicta forcia, a meridie in quibus dicti domibus Bernardi Borracii et in carrario, ab occidente in domibus Bernardi[289] Prim.

Item in cellario sive intrata[290], unum saccum repletum farine frumenti. Item unum saccum de mestay.

---

289 *Sigue Borracii et in carrario,* tachado.

290 *Interlineado.*

Item unam pasteram[291] aptam ad pestar.

Item unam postem abtam ad portandum panem. Item quasdam mapas sive tovayes.

Item unum quardonum parvum. Item tres sidacios.

Item unam teccam modici valoris. Item unam tabulam comedendi.

Item unum[292] scannum sive banch parvum. Item unum saccum cum una quarteria grani lini. Item quasdam cuyraçes modici valoris.

Item unum salomon parvum *aygader*. Item unum scrineolum.

Item unum candelabrum sive *canalobra*, modici valoris. Item unum dayum sive *day de ferra*.

Item unam postem.

Item unum *levador de cap de ferra*. Item unam rasoram, sive *rasora de pa*. Item unum *calfador de ayga*.

Item unam scrineam modici valoris. Item unum scrineum camere.

Item unum scrineolum, sive *scrinyol* cum sale.[293] Item unam vegetem sive botam *menys de frens*. Item[294] unam semalem sive *samal sgavalada*.

Item unam vegetem maresiam sive bota parvam.[295]

Item unum tinardum.

Item unum vixellum sive *vaxel sgavalat*.

Item duas alfabias virides sive *gerras vinaderas*. Item unum dolium / sive *doiy vinader*.

Item unum garbellum sive *garbell padrer*. Item duos quarterios[296] carnium salsarum. Item duos sagimens sive sagins porchi.

Item sexsaginta ragols vel circa. Item duos saccos vaciuos.

Item duas [*punites*] ferri. Item unam selam sedendi. Item duas tinas miganceras. Item quinque cercles fusti. Item unum vixellum sgavalat.

---

291 *Sigue* de, *tachado.*

292 *Sigue* saccum, *tachado.*

293 *Sigue* item unam canastelam sive canestela de canes, *tachado.*

294 *Sigue* i, *tachada.*

295 *Interlineado.*

296 *Sigue* cari, *tachado.*

Item unam tinam et duas semals que sunt in castro de Occulostricco. Item unam saumatam vini.

Item tres vegetes sive botas maresias.

Item quatuor quarratellos vinarios sive *quatre vaxelets patitz*. Item *dos matels de dona moratz*.[297]

Item unam vegetem portadoram sive *bota*.

Item *una cota blava clara de dona et altre morada*.[298]

Item unam semalem.

Item unam gerram capitens unam[299] botam. Item I *mantel blau clar*.[300]

Item unum dolium sive *doy vinader*. Item unam tramosteriam terre.

Item una *gonela de dona verda*.[301]

Item quamdam cotam sive *cota de burell*. Item unam gramasiam panni blavi claris.

Item unam cotam et unam gramasiam panii lane *mesclat* cum pelle. Item unum *lançol* modici valoris.

Item una *mantelina de dona*.[302]

Item duas cannas panni de candis blaus de amplitudine quatuor palmorum. Item I *colar blanch*.[303]

Item unum mantellum panni claris[304] modici valoris. Item, in camera,[305] tres matalaffios sive *matalaços*. Item unum sacrilectum sive *saclit*.

Item unam colgam sive *colga de fust*. Item duas *vanoas bonas*.

Item unam vanova modici valoris. Item duos *lençols*.

Item alios duos modici valoris. Item unum coxinum sive *coxin*.

---

297 *Interlineado.*

298 *Interlineado.*

299 *Sigue* saumatam, *tachado.*

300 *Frase interlineada.*

301 *Frase interlineada.*

302 *Frase interlineada.*

303 *Interlineado.*

304 *Interlineado. Sigue* lividi, *tachado.*

305 *Interlineado.*

Item unum iubetum.

Item unam cotam lividem sive[306] blava.

Item unam cotam panni de vermeli[307] mesclat cum pellibus cirogrellorum. Item unum manto de mesclat livide.

Item unum fassetum de burell. Item alium fassetum torongat.

Item unam cotam[308] blavi claris de cadins modici valoris. Item unam flaciatam[309] magnam *ab listes*.

Item unum par[310] caligarum panni lividi. Item alium par caligarum panni albi.

Item unum capucium panni *mesclat*.

Item unum *coxin*.

Item quasdam femuralias sive bragas. Item unam sanalliam.

Item unum mantellum *gimgolat* modici valoris.

Item unam gerram cum duobus quartenebus oleiy parum plus vel minus. Item ferraduras de poall. /

Item unum morterium cupi parvum cum sua manu. Item dua candelobra sive canalobras ferri.

Item unam amforam vitream. Item unum orinalem sive orinal. Item unum brocal.

Item duos carts abtos ad aperandum lanas.[311]

Item unum *carnerot* modici valoris. Item quosdam cardos.

Item unam postem fusti.

Item unam storam de[312] amplitudine quinquaginta palmorum. Item unam curtinam cum siguts.

Item unum capellino sive *capel de pèl de pey*.

Item unam catedram sive cadira trocada. Item unum scrineum.

---

306   *Sigue* de drap, *tachado.*

307   *Interlineado.*

308   *Sigue* panni lividi, *tachado. Interlineado* de cadins, *tachado.*

309   *Sigue* albam, *tachado.*

310   *Sigue* q, *tachado.*

311   *Sigue* Item unum tramuterium(?) fusti, *tachado.*

312   *Sigue* ap, *tachado.*

Item unam torram parvam.

Item unum ensem [*minutum*] virmilii. Item unum panestronum sive *panestra*.

Item unum cisorium fusti sive *teyador gran*. Item unam sanalliam migerall.

Item unum scrineolum modici valoris. Item quosdam fornellos sive *fornels*. Item quasdam mapas sive *tovayes*.

Item unum banchum sive *banch*.

Item unum *archibanch*.

Item duas mapas sive *tovayes*. Item duos tovayonos.

Item duas tovayolas.

Item sex cantonos de aguya lapideos.

Item unum cultellum.

Item unum capucium panni blavi claris modici valoris.

Item in camera scribanie videlicet[313] unum lectum et unam coceriam sive *cocera* et unum sacalectium et unum capciale.

Item alium lectium videlicet unam colgam modici valoris, et unum sacelectum et unun matalaffium et unum travasserium et due lintiamina sive lençols et unam vanova modici valoris et unam flaciatam albam modici valoris.

Item aliam flaciatam listada. Item unum scutum sive *scut*. Item unam lantciam.

Item unam storam de amplitudine[314] XIII palmorum modici valoris. Item duas tovayes.[315]

Item duas tovayolas albes et duos tovayonos. Item duos alios tovayonos.

Item unum lençol.

Item duo paria cuyleriarum sive de *cuyleres* argenti. Item unum *coffra*.

Item unum *armarii*.

Item duos tovayonos et unum capud panni sive *cap de draps*. Item unum lençol et unam vanovam.

Item duos tovayonos. Item duas tovayolas.

---

313 *Sigue interlineado* videlicet, *tachado.*

314 *Sigue* XXX, *tachado. Interlineada la cifra* XIII.

315 *Frase interlineada.*

Item unum coxinum sutum de serico.

Item unum *aufaridor* panni.

Item unam candaleriam sive *candalera ferrada*.

Item unum librum cohepertum de *vermey*.

Item unum *lençol* modici valoris.

Item unum lectum videlicet sacrilectum et unam coceriam modici valoris. I porch.[316]

Item duas duodenes cisorium [*de fer*], de fust et de terra. Item unam storam modice valoris.[317]

Item duas taceas argenti sive *taçes*.

Item / unum ciffum sive anap de argento. Item unum archimbanch.

Item unam concham de aram. Item unam bacinam.

Item duas ollas cupi, unam magnam et aliam parvam.

Item unum pelvim sive baçin stagni. Item unam peroleram. Item duas taceas vitreas.

Item duas cohopertorias sive cubertores ferri. Item unam citram de leuton.

Item duas sartagenis sive *paelas*.

Item unam giradoram.

Item duas lenes ferri et quosdam quinias. Item duas locias.

Item quasdam moles ferri.

Item duos verutos sive *asts* ferri parvi et unum magnum. Item duos lumanerios sive *lumanés*.[318]

Item duos morterios lapideos. Item unam concham lapideam. Item aliam concham fusti.

Item unam quaçam sive *caça*.

Item duos trebey sive *ferres de foch*. Item unum boxium fusti.

---

316   *Interlineado.*

317   *Sigue* Item unam gerram. Item unam canastellam cum plumis, *tachado.*

318   *Sigue* Item unam rasoram abtam ad rade, *tachado.*

Item[319] XVIII scutellas fusti. Item duas tabulas.

Item tria scanam sedendi.

Item duos saccos et unam postem. Item unam sortem cantonum lapideos. Item unum portale *picat*.

Item duas postes.

Item unam securii sive *dastral*.[320]

Item quosdam *bastz* asnii.

Item unum roncinum cum sela et sparonos.

Item in scribania.

Primo unum librum qui vocatur "Rotlandin" qui incipit de litera alba *"Antiquis temporibus..."*.

Item alium librum papiri qui vocatur "Vadell" qui incipit *"Ego, Guillelmus Vedelli..."*.

Item alium librum papiri qui vocatur "Constitutiones" qui incipit *"Antequam Usatici..."*.

Item unum librum vocatum "Salteri" cohepertum de *valut* virmileum.

Item unum lectum videlicet[321] et unum sacrilectum, et unam flaciatiam, et unam vanovam modici valoris, et unum par lintiaminum modici valoris, et unum travaserium modici valoris.

Item unam ligonem.

Item quandam podadoram ferri. Item duos tinterios plumbi.

Item unum scanium sive *banch* sedendi. Item unam cotam de candis lividem scuram.

Item unam tunicam parvam panni lividi scuri. Item unum *curtapeu* parvum.

Et nulla alia bona invenit in hereditate dictorum Guillermi et Beatricis pupillorum pretestor tamen et dico in presencia notarii et testimonium subscriptorum quod si forte a modo / aliqua bona dictorum pupillorum invenire potero quod statim

---

319   *Interlineado. Sigue* XVII, *tachado.*

320   *Sigue* Item unam palanm fusti. Item quasdam ianuas sive portes modici valoris, *tachado.*

321   *Sigu* unam cateram modici valoris, *tachado.*

illa denunciabo iudici ordinario castri de Rupiano sive ipsa in inve[n]tario publico redigi faciam absque mora.

Quod fuit actum Rupiani, et a dicto Bernardo Marchesii tutore firmatum et laudatum, tercia die augusti anno a nativitate Domini millesimo trecentesimo septuagesimo quarto, presentibus me, notario infrascripto, et Jacobo Petri, de Sancto Acisclo, et Matheo Cilrani, de Fuxano.